突発的な仕事に先手を打つ
残業ゼロの
ビジネス整理術

芳垣 玲子 著

税務経理協会

はじめに

　私は，人材育成コンサルタントという仕事をしています。「人材派遣」と間違われることがありますが，私の仕事は，企業の中に「人が育つ仕組み」を作ることです。
　経営学では，働く人のことを人的資源（Human Resource）と呼ぶことがあります。資源と言うと何かモノのように思われるかもしれませんが，本来はもっと多様な意味を含んでいます。
　人は，資金や設備のように，経済的な価値がはっきりと決まっているわけではありません。人という資源は，組織の中で成長していく木のように，根を張り，葉を繁らせて大きくなっていく存在です。
　人材育成コンサルタントの仕事は，人という木が育つために必要な仕組み（採用，評価，報酬，配置，昇進，能力開発）を設計し，経営者と一緒になって作っていくことです。

ワークライフバランスとは，残業をしないこと？

　さて，最近，コンサルティングでお伺いした，ある大手企業の経営者との会話の中で，非常に気になることがありました。その方は，「我が社もワークライフバランスを考えて，毎週水曜は残業を禁止することにしました。おかげで社員は早く帰るようになり，6時過ぎにはオフィスは真っ暗になっていますよ。」と自慢げに言うのでした。
　ところが，この会社の若手管理職からは，「残業禁止令のおかげで，仕事が中途半端で途切れ，かえって時間がかかるようになってしまった。」という話を聞いていました。どうやら，この会社の経営者は，ワークライフバランスの意味を誤解しているようです。
　ワーク・ライフ・バランス（Work Life Balance）とは，組織の期待に応じて従業員自身が納得できる仕事ができ，かつ仕事以外の生活でやるべきこと，

やりたいことができる状態を指します。法政大学キャリアデザイン学部の武石恵美子教授によれば、「仕事とそれ以外の生活のバランスというのは、両者が同じような配分で釣り合っている状態を指すのではなく、個人により、また同じ人間でもライフステージや置かれた状況により、多様なバランスがある状態であることを前提にしている。」ということです。

　仕事を早く終わらせて、残業をしないで帰ることに大いにメリットを感じる人もいるでしょうし、多少残業をしてでも大きな成果を上げることにやりがいを感じる人もいるでしょう。全従業員の残業時間を一律にコントロールすることではなく、1人1人の仕事と生活の調和を図ることが本来のワーク・ライフ・バランスなのです。

整理・整頓をすれば、早く帰れる？

　このような誤解は、他にもあります。身近な例では、「職場をきれいに片づければ、仕事の効率が上がり、早く帰ることができる」というものです。

　実際に、整理術や片づけのテクニックに関する多くの本や雑誌の特集には、「魔法のような」とか、「楽々できる」といった形だけの整理術が紹介されています。しかし、それらはビジネスの場においては全く役に立ちません。それどころか、職場の問題をかえってこじらせてしまいます。

　たしかに、きれいに片付いた机に向かって仕事をすることで、少しの間だけ効率が上がったように感じるかもしれません。ところが、しばらくして気がつくと元の乱雑な机に戻ってしまいます。それはまるで、船底に穴の開いた船から一所懸命に水をすくっては外に出しているようなものです。時間が経つにつれて水をすくい出すことに疲れ、やがて船は沈んでしまうことでしょう。

　真っ先に取り組むべきは、仕事の効率化を妨げている原因を見つけ、対策を実行することです。

　私は、ビジネス（仕事）における整理とは何か、そして何のために整理をするのかということを考えて、この本を書きました。

　この本の基本的な考え方は、次のとおりです。

はじめに

- ビジネス整理の真の目的は仕事の効率化である。
- 仕事の流れを妨げる「突発的な仕事」の正体を見きわめ，徹底した対策を打つ。
- 仕事の効率化が実現できれば，「仕事と生活」のバランスがとりやすくなくなる。

仕事と生活の調和を図るために，いかにして仕事の効率を高めていくのか？ その疑問に真正面から取り組んで，自信を持って出した答えが，この本の中にあります。

2014 年 7 月

芳 垣 玲 子

目　次

はじめに

1. 仕事の渋滞を解消しよう

　　道路が渋滞するように仕事も渋滞する……………………… 2
　　道路渋滞のメカニズムと仕事の渋滞………………………… 2
　　仕事とストレスの関係………………………………………… 4
　　仕事が渋滞する原因…………………………………………… 6
　　原因は自分か他者か…………………………………………… 8
　　「突発的な仕事」の割合は？………………………………… 10
　　突発業務の実態と出所………………………………………… 11
　　他者が原因で生じる突発業務………………………………… 13
　　突発業務へ先手を打つ………………………………………… 14
　　備えあれば憂いなし…………………………………………… 17
　　バッファーを配置する………………………………………… 18
　　仕事は放置すれば膨張する…………………………………… 19
　　待ち時間を見える化する……………………………………… 20
　　見える化メモの作り方………………………………………… 21
　　見えていれば安心できる……………………………………… 23

2. 効率的な仕事は段取りから

　　時間という経営資源…………………………………………… 26
　　会議と時間のムダ遣い………………………………………… 28
　　仕事の優先順位………………………………………………… 30

目　次

　　劣後順位を決める……………………………………………… 32
　　仕事を PDCA で考える ……………………………………… 35
　　整理の第一歩は段取りから…………………………………… 38
　　仕事をしたつもり……………………………………………… 39
　　段取り八分……………………………………………………… 40
　　段取り初級編：「ミニノート」を使って段取りを始める……… 42
　　段取り中級編：「ミニノート」で作業に時間を割り当てる…… 47
　　段取り上級編：仕事を分解して作業の精度を上げる………… 50
　　仕事のスケジューリング方法………………………………… 56
　　記録をすることのメリット…………………………………… 60

3. 仕事の進め方を見直してみよう

　　自分の仕事の性質を考えてみる……………………………… 64
　　非定型の仕事にも段取りが必要……………………………… 66
　　仕事には必ず制約条件（QCD）がある……………………… 67
　　自分の仕事の改善だけを追求してはいけない……………… 71
　　事務仕事でも全体最適が必要………………………………… 72
　　「ムリ，ムダ，ムラ」という視点を持つ……………………… 74
　　ECRS（イクルス）でムダをなくす…………………………… 75
　　C@T（キャット）でムリなく仕事に集中する……………… 77
　　仕事の標準時間を決める……………………………………… 81

4. 仕事と片づけ

　　職場の片づけは仕事の効率化が目的………………………… 84
　　仕事は「紙」でできている…………………………………… 85
　　書類の山とストレスの関係…………………………………… 87

v

書類のライフサイクル……………………………………………… 89
　　使用中の書類の保管……………………………………………… 91
　　使用後の書類の保管……………………………………………… 93
　　書類整理のポイントは「迷ったら捨てない」…………………… 94
　　捨てたことを後悔した経験……………………………………… 95
　　書類をスキャナーで読み取ることの限界……………………… 97
　　職場のレイアウトと机のゾーニング…………………………… 98
　　机の引出しと文具の整理………………………………………… 100

5．チームで取り組む仕事の効率化

　　働く環境の変化に対応する……………………………………… 104
　　「習慣化」のワナ…………………………………………………… 106
　　「メンテナンス」という発想……………………………………… 107
　　メンテナンスチームを作る……………………………………… 110
　　全社で取り組むビジネス整理…………………………………… 112
　　ビジネス整理のミーティングで話し合うこと………………… 114
　　部分最適から全体最適へ………………………………………… 116
　　職場を見れば会社がわかる……………………………………… 118

あとがき

1

仕事の渋滞を解消しよう

　顧客や上司という,「外」からの割り込みが原因で生じる仕事の渋滞は,「先手」を打つことである程度解消されます。そして,「外」からの割り込みに対処することは,実際に試してみればそれほど難しいことではありません。
　渋滞の原因を記録し,パターンを読み,早めに準備しておくだけのことです。しかも,そうした行動は,顧客や上司にとって「自分に気を遣ってくれているのか。気が利いているな！」と受け止めてもらえるはずです。

道路が渋滞するように仕事も渋滞する

　毎年，ゴールデンウィークやお盆になると，高速道路は大渋滞します。ニュース番組で，無数の自動車が数珠つなぎになっている映像を見ると，「あの車は，今日中に目的地に着くのかしら？」と他人事ながら心配になります。
　では，そんな情景を思い浮かべながら，1台1台の車を自分の「仕事」に置き換えてみてください。
　「あ！　仕事も同じだ。」
　そう思ったのではないでしょうか。
　「朝から晩までデスクに向かっていたのに，夕方になっても予定の半分しか仕事が進んでいない。」
　「いつも納期に追われて，余裕がない。」
　「上司から急な仕事を頼まれて，自分の仕事が遅れてしまう。」
　あなたは仕事をしながら，まるで高速道路の渋滞に巻き込まれたドライバーのようにイライラしたことがあるはずです。高速道路を快適に飛ばしているときのように，気持ちよく仕事が進めばストレスも感じないのに……。
　この章では，仕事の渋滞を生み出す原因を探り，対策を考えます。また，具体的な対処方法を示していきます。
　では早速，仕事が予定通りに進まない，その理由を考えてみましょう。

道路渋滞のメカニズムと仕事の渋滞

　道路の渋滞は，一定の距離の中に多くの車が集中することで起こります。

　「渋滞学」を提唱している東京大学先端科学技術研究センターの西成活裕教授によれば，高速道路で最も渋滞が起きやすい場所は登り坂だそうです。登り坂では自然に車のスピードが落ちてしまうので，後ろの車が前の車が減速したことに反応してブレーキを踏みます。そうすると，後続車も次々とブレーキを踏むという連鎖反応が起こります。

　たった1台がブレーキを踏んだだけで，あっという間に渋滞が起きてしまうということです。ドライバーは誰でも，車間距離を十分に取っていればこういうことは起こらないと頭ではわかっています。しかし，急いでいると，つい前の車との距離を詰めてしまう。急ぐ気持ちが渋滞を生み出し，結局遅くなってしまうのです。

　仕事の渋滞も，同じような理由で発生します。仕事が一時に集中したり，予定外の仕事が入ったりすると，流れが滞ってしまいます。車と同じように，1つの仕事にブレーキがかかったとたんに，予定していた仕事が次々と後ろにずれていきます。時間内にやり終える予定が終わらないうちに残業に突入し，ついには仕事をやり残したまま時間切れになってしまいます。

「あ～あ，あれとこれが終わらなかった。」，「明日は別の仕事を始めなければならないのに……。」と，気落ちしたまま職場をあとにすることで，ストレスも溜まっていきます。

仕事とストレスの関係

「私の仕事はいつも順調に進んでいます。」，「めったに渋滞はしません。」と言う人は，ストレスを一切感じないのでしょうか。

仕事の渋滞解消に取りかかる前に，仕事とストレスの関係について考えてみます。あなた自身の普段の仕事を振り返ってみてください。次のマトリクスは，横軸が「仕事の進捗状況」，縦軸が「ストレスの有無」です。

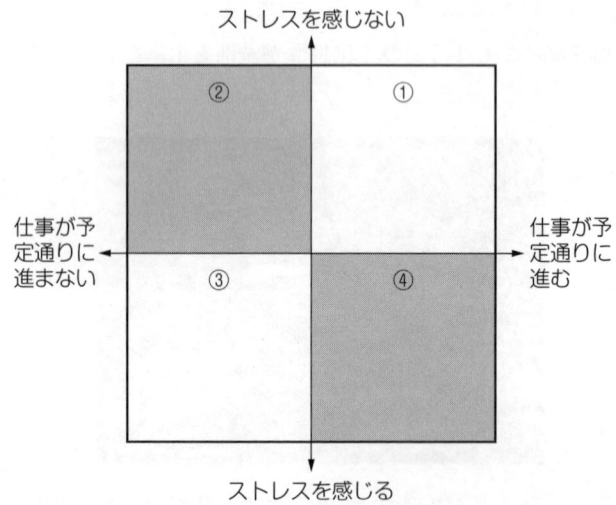

① 仕事が予定通りに進んでいて，ストレスを感じていない人
② 仕事は予定通りに進んでいないけれど，ストレスを感じていない人
③ 仕事が予定通りに進んでいないので，ストレスを感じている人
④ 仕事は予定通りに進んでいるけれど，ストレスを感じている人

第1章　仕事の渋滞を解消しよう

です。

　私は研修やセミナーのときに，受講者に「あなたは①から④のどれに該当しますか？」と質問することがあります。ほとんどの受講者は，③の「仕事は予定通りに進んでいない。ストレスを感じている。」を選びます。この傾向は，官民を問わず，業種や階層にかかわらず同じです。
　この結果から，仕事が予定通りに進まずにストレスを感じている人が，たくさんいることがわかります。
　ところが，ある電機メーカーで外国籍の社員を対象にした研修を行った時に，少し驚いたことがありました。受講者の国籍は，1人の日本人を除いてアメリカ・インド・インドネシア・中国・韓国でした。
　その時に，先ほどの質問（仕事の進捗状況とストレスの有無）をしたのですが，これまで多くの日本人が示した傾向とはまったく違う結果になりました。外国籍の受講者の80％は，④の「仕事は予定通りに進んでいる。ストレスを感じている。」を選んだのです。

　私は，この時まで「仕事が予定通りに進んでいれば，ストレスが生じることはない」はずだと考えていたので，この結果に驚きました。
　そこで，私はインド国籍の受講者に「仕事が予定通りに進んでいるのに，ストレスを感じるのですか。どうしてですか？」と聞きました。
　すると彼は，「仕事を予定通りに進めるのは，簡単なことではありません。

5

そのために一所懸命に集中して，仕事に取り組む必要があります。集中するのには，たくさんのエネルギーが必要です。だから疲れるのです。ストレスを感じます。」と答えてくれました。

　私には，目から鱗が落ちるような一言でした。同じストレスであっても，仕事をきちんとやることで生じる前向きなストレスは，名づけるならば「良いストレス」と言えるのではないでしょうか。一方で，仕事が予定通りに進まないことによるストレスは，「悪いストレス」と言えるかもしれません。

　考えてみれば，すべてのストレスが心身に悪影響を及ぼすとは限らないことは明らかです。たとえば，スポーツの試合においては，適度なストレスによる緊張感が必要だと言われています。

　そう考えると，仕事には，「良いストレス」があって当然なのかもしれません。仕事の渋滞解消によってなくなるのは，「悪いストレス」のほうです。

仕事が渋滞する原因

　あなたは「仕事が渋滞する原因は何ですか？」と質問されたら，すぐに答えられるでしょうか。ズバリと答えられるなら，その原因を解消すればよいのですが，そう簡単な話ではありません。

　「一言では言えません。」，「簡単に答えられれば，苦労はしませんよ。」と言

第1章　仕事の渋滞を解消しよう

うのであれば、じっくりと考えてみる必要があります。

　たとえば、単純なメカニズムですが、仕事の渋滞によって残業が増えるという現象が起こります。ならば、「残業をする理由」を調べれば、渋滞の原因がわかりそうです。

　次のグラフは、独立行政法人労働政策研究・研修機構による「仕事特性・個人特性と労働時間（2010年）」の調査結果をもとに、弊社が作成したものです。

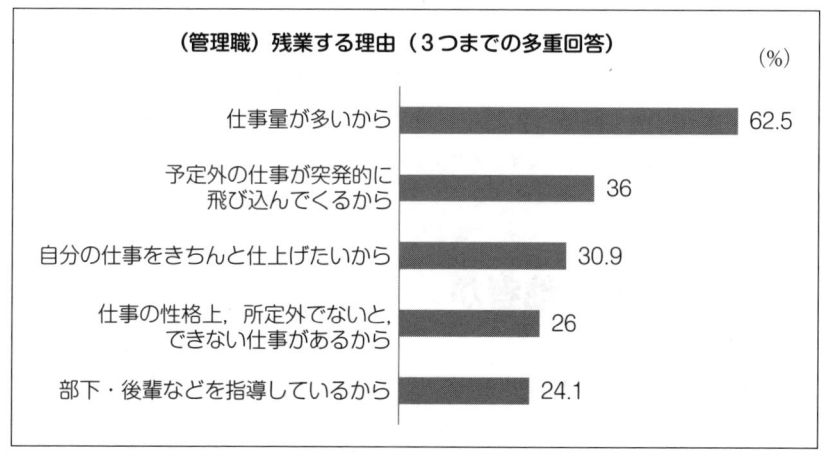

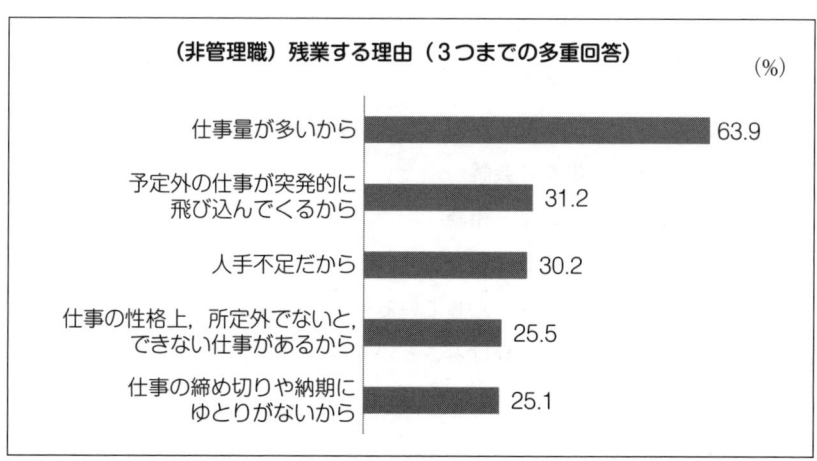

管理職、非管理職ともに、「仕事量が多い」と「予定外の仕事が突発的に飛び込んでくる」ことが、残業を生じさせる二大原因になっています。

簡単に言えば、この2点が解決できれば、仕事の渋滞を解消できるはずです。

残業をする理由のトップになっている「仕事量が多い」ことに対する一番の解決策は、「仕事量を減らす」ことです。しかし、そんなことが簡単にできるでしょうか？ 仕事量が多いからといって、自分で仕事量を調節するなんてことは、普通のビジネスパーソンには無理でしょう。残念ながら、「仕事の量」については、解決困難としておかなければならないようです。

一方の、「予定外の仕事が突発的に飛び込んでくる」も困ったことです。これも一見、自分ではコントロールできないことのように思えますが、こちらは原因を追及してみれば、何か打つ手があるかもしれません。

原因は自分か他者か

仕事の優先順位をしっかり決めていても、たった1つの「邪魔」が入っただけで、仕事が予定通りに進まなくなります。仕事の進行を妨げ、渋滞を引き起こす「邪魔」を思いつく限り、具体的にあげてみましょう。

- 急に割り込んでくる仕事の依頼
- 自分が起こすケアレスミス
- あいまいな指示に従ったことで生じる手戻り
- だらだらと結論の出ない会議
- 要領を得ない報告・連絡・相談
- 書類などの「探しもの」に費やしている時間

これらは、自分が原因を作りだしているものと、外部（上司やお客様など他者）に起因しているものとに分けることができます。

第1章　仕事の渋滞を解消しよう

仕事の進行を妨げる自分と他者の原因

原　因		要　素
自　分	行　動	作業時間の見積りが甘い，書類が見つからない
	意　識	やる気が起きない，集中できない，先送りにする
他　者	行　動	突発的な仕事の依頼
	意　識	相手の立場を考えず仕事を押し付ける

　ここで，普段の仕事を振り返って，仕事の流れを妨げる原因の影響度（インパクトの大きさ）を，次の表に記入してみてください。あまり深く考えずに，「大体このくらいかな。」と思った数字で結構です。ただし，合計すると100％になるようにしてください。

あなたの仕事の進行を妨げる原因の影響度（％）

原　因		割　合
自　分	行　動	％
	意　識	％
他　者	行　動	％
	意　識	％

　おそらく，「他者－行動」にある「突発的な仕事の依頼」の割合が大きいのではないでしょうか。
　これは，前述の「残業をする理由」の第2位にあった「予定外の仕事が突発的に飛び込んでくるから」と一致しています。
　どうやら，「突発的な仕事」をなんとかしない限り，仕事の渋滞は解消しないということがわかってきました。

「突発的な仕事」の割合は？

　スムーズな仕事の進行を妨げる「突発的な仕事」は，なぜ発生するのでしょうか。

　「突発的な仕事」の正体を探るために，あなたの仕事を2種類に分けてみましょう。1つは，「予定業務」です。これは，初めから予定された仕事，計画をしていた仕事です。ルーチンワークがほとんどですが，プロジェクトの仕事などもあるでしょう。もう1つは，もちろん「突発業務」です。突然割り込んでくる仕事，予定していない仕事のことです。

　研修やセミナーで，「突発業務の割合はどれくらいですか？」と受講者に問いかけてみることがあります。少し考える時間をとって，その割合をテキストに書いてもらいます。

　すると，驚くような答えが出てきます。「突発業務」の割合が実に多いのです。もちろん，突発業務の割合が1～2割と常識的な範囲の人もいますが，半数以上は突発業務のほうが多く，中にはそれが8割や9割という人もいたりします。

　突発業務が1割程度なら許容範囲ですが，それ以上なら問題です。しかも3～4割にもなれば，「突発的」などと言って放置できるレベルではありません。

　ところが，おかしなことに，突発業務が非常に多い人たちは，それを「困ったこと」とは考えていないようです。むしろ，その多さを自慢しているようにさえ見えます。しかし，そんなことでは，とても仕事の渋滞解消などできるはずもありませんから，まずは意識を変える必要があります。

　突発業務の割合が多い受講者に，「台風や地震は突発的に起こりますが，国や自治体は対策を立てていますよね。それと同じように皆さんは突発業務に対して，何か対策を立てていますか？」と聞くと，一瞬考えてから「うーん，そう言えば何もしていないな。」と苦笑いをしながら答えてくれます。

突発業務の実態と出所

　仕事の締め切りが間近に迫って,「追い込み」で集中しているときに,上司から突然,「すまないけど,こっちの仕事を大至急やってくれ！」などと言われたことはありませんか。車の運転で言えば,順調に走っていたのに,側道から急に高級車（いちおう上司ですからね！）が割り込んできたようなものです。

　仕方がないので,今やっている仕事を中断して,上司から言われた仕事に取りかかります。しばらく頑張って何とかその仕事を片づけて,やっと元の仕事に戻ったとしても集中力は戻らず,なかなか中断前のようにスムーズに進みません。こうして,突発業務は仕事のリズムを乱し,効率を低下させるのです。

　では,突発業務にどのように対処したらよいのでしょうか。

　「いやいや,思いもよらないことが起きるのが突発だから,なくすことなんてできっこない。」と思われるでしょうか。

　もちろん,100％なくすことは不可能でしょう。しかし,できる限り事前に手を打っておくことによって,大幅に削減することはできます。

　まず,突発業務の原因がどこにあるのかを明らかにします。突発業務の出所（でどころ）が,「自分」なのか「他者」なのかを特定します。

■ 自分が原因で生じる突発業務の例

　たとえば,あなたが9時に出社し,今日の午後に開催予定の会議の資料作成を始めたとします。2時間かけてようやく資料を完成させました。そして,内容をチェックするために先日の会議の時に書いたメモと付け合せをしようとしました。ところが,そのメモが見つかりません。

　机の上の,右の書類の山の真ん中くらいにあるはずでしたが,どういうわけかありません。もう1つの別の書類の山も探しましたが,ここにもありません。仕方がなく,2つの書類の山をもう一度上から順番に確認をし

ましたが，やはりありません。
　どこにしまったのだろうと途方にくれていたところ，急に思い出しました。昨日，帰りの電車の中で確認しようと思い，自分でカバンの中に入れたのでした。それを忘れてしまい，1枚1枚書類の山を確認していたので，20分も費やしてしまいました。自分が悪いとはいえ，時間をムダにしたことが虚しく感じられます。

　あるいは，午前中に取りかかる予定の仕事を，やる気が起きないという理由で先延ばしにしたことはありませんか。その結果，作業時間が少なくなり，想定したよりも仕事の完成度が低くなってしまいます。
　「どうして自分は仕事に取りかかるのが遅いのか？　気持ちが乗らないのはそういう性格だから仕方がないな。」と考えていませんか。確かに，自分の性格のせいで仕事が予定通りに進まないことも，渋滞の原因の1つです。

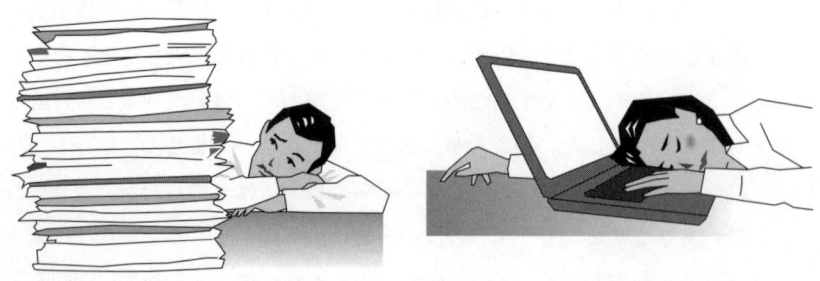

他者が原因で生じる突発業務

　何よりも，あなたの都合を考えず「ちょっとお願いしてもいいかな？」と割り込んでくる上司が一番の問題です。しかし，相手が上司ならば，その場で事情を話して，少し待ってもらうことも可能です。
　やっかいなのは，お客様からの「急な依頼」です。お客様ですから，あなたの事情なんて考えていません。だからと言って，「できません！」などとは口が裂けても言えません。

■　いつも枕言葉のように，「大至急，お願いです！」と言って電話をかけてくるお客様がいます。あなたが予定していた仕事を始めると，決まって電話がかかってきて「○○さん，大至急△△の資料を作成して送ってください。」，「○○さん，××の部品100個を至急納品して欲しい。」と依頼をしてきます。
　あなたは，内心「えっー，また至急の依頼！　勘弁してよー。この資料を午前中には完成させて，午後は新しいお客様のところに行く予定なのに……。」とちょっとムッとしますが，お客様の依頼なので，ため息をつきながらも対応します。
　結果として，時間が足りなくなって午後に持参する資料の完成度が予定していたよりも低くなってしまい，新規のお客様をがっかりさせてしまうこともあります。
　「いつもあのお客様の"大至急"に振り回されているな。何とかできないものだろうか。」と思いつつ，「顧客の依頼だからしかたないな。」とあきらめてしまいます。

突発業務へ先手を打つ

　確かに，お客様からの急な依頼を断ることはなかなかできませんから，結果的に振り回されてしまうことは止むを得ないでしょう。
　しかし，よく考えてみると，すべてのお客様が無理を言ったり，突発的な依頼をしたりするわけではありません。
　突発的な依頼をするお客様は限られているはずです。そして，経験上あるお客様から同じような内容の依頼がくるとわかっていれば，あらかじめ先手を打っておくことができます。そして，この方法は，いつも「突発的に」仕事を振ってくる上司に対しても有効です。

■　お客様に対して先手を打つ

　「お客様に先手を打つなんて，できるわけないよ。」と思われるかもしれません。先手と言っても，おおげさなことではありません。お客様から出てきそうな要求を，あらかじめ予想しておけばよいのです。
　具体的には，過去にあった「突発的な依頼」をできる限り思い出してノートに書き出し，なんらかの規則性を見つけることから始めます。その時に，何も見つからなくてもがっかりせずに，とにかく，新たな依頼があ

第1章　仕事の渋滞を解消しよう

るたびに，ノートに書き足していきます。最初のうちは，ただデータが溜まっていくだけですが，回を重ねるごとにだんだんとお客様の行動パターンが見えてきます。

そうなってくれば，「そろそろ〇〇の依頼が来そうだ。」と予測できるようになります。すると，ある程度余裕を持って対処できるようになります。さらに，そのノートは，あなたが異動する際に「お客様に関する引き継ぎ事項」として後任に渡せば，大いに役に立つことは間違いありません。

さらに効果的なのは，一歩進んでお客様から依頼がくる前に，こちらから連絡をしてしまうことです。

「弊社よりご購入いただいた〇〇システムの年間保守契約ですが，貴社の来年度の予算申請のためにそろそろ見積書が必要な時期かと思います。今日，とりあえずメールでお送りしようと思いますが，いかがでしょうか。」と聞いてしまいます。

もしも頻繁にやりとりがあるならば，3日に1度くらいはこちらから電話をかけて依頼事項を聞き出すのもよいでしょう。この時のポイントは，出しゃばらず，あくまでもお客様のサポート役に徹することです。

■　上司に対して先手を打つ

いつも予定外の依頼をしてくる上司にも，同じように先手を打ちましょう。方法は，基本的にお客様への対応と同じです。

こちらから上司に，依頼事項の有無を定期的に確認します。たとえば，

1週間の中では，月曜日の朝と水曜日の午後か夕方というように，時間を決めて声をかけます。ここでもノートに記録しておくことが大切です。

　最初のうち上司は，「いや，特に頼むことはないよ。」と答えると思います。ところが，今朝確認したはずなのに，お昼頃になってから「悪いけど，この資料を今日の夕方までに直してくれる？」などと言ってくることもあります。それは，上司よりも上の役職者からの急な依頼があって，止むを得ずあなたに頼んできたのかもしれません。急な依頼の場合は，まずその理由や状況をきちんと把握したうえで，できる限り速やかに対応するようにしましょう。

　しかし，そうでない場合もあります。単に上司が気まぐれに振ってきた，あるいは今朝のことを忘れてしまった，というときです。それでも，くじけないで「定期的な確認」を続けてください。上司によっては，この「定期的な確認」がすぐに効果を発揮することもありますが，経験上，実を結ぶまでには数か月はかかります。

　また，あなた自身が大変忙しいときには，上司の依頼を思い切って断ってみるのも選択肢の1つです。「上司の依頼を断るなんて無理」と思われるかもしれませんが，あなたはそれまでに定期的に仕事の依頼はないかと確認をしているのです。上司は，あなたが大変忙しいことをわかっていないという可能性もあります。本当に無理なときには，勇気を持って依頼を断りましょう。

そんなことはできないと思う人は，3回の依頼に対して，まず1回は断ることから始めてみましょう。仕事の渋滞解消の必要性を上司に理解してもらうためにも必要なことです。

ただし，上司の依頼を断るときは，伝え方には細心の注意を払いましょう。あなたがなぜ依頼を引き受けられないかを丁寧に説明し，なるべく角が立たないように感じよく伝えます。そのときの態度は，曖昧でなく毅然とすることが必要です。断るときは，非言語（表情や態度）のほうが言葉よりも大きな影響を与えるからです。

備えあれば憂いなし

残念ながら，仕事をしている限り，突発業務は発生し続けます。

いくら先手を打っても，突発業務をゼロにする（完全になくしてしまう）ことはできません。なぜなら，突発業務のほとんどは，お客様や上司など自分よりも上の立場の人たちからくるからです。

地震や台風のように「なくす」ことが不可能なら，「備える」しかありません。

また，仕事の渋滞解消においては，できる限り細かく記録を取っておくことが大切です。それにもとづいて，今までの突発業務がいつ，誰から，どのような理由で割り込んできたのかを分析してみます。仕事のサイクルによって異なりますが，1か月ほど継続して記録を取ってみると，突発業務が生じるパターンが少しずつ明らかになってきます。こうした情報を利用して「備える」のです。

この記録から，どのような突発業務にどれだけの時間を使ったのかを書き出します。突発業務の発生するタイミングを予測し，そのために必要となる時間的な余裕を割り出します。それを，あらかじめ仕事のスケジュールの中に組み込んでおきます。

バッファーを配置する

　仕事の車間距離，すなわち仕事と仕事のインターバルに余裕がない場合は，突発的な仕事が1つでも入ると，スケジュールに支障をきたします。仕事の玉突き状態が生じ，その後の予定がどんどん後ろにずれていきます。こうして，はじめは小さなずれであっても次第に大きな渋滞になるのです。

　突発業務を想定してスケジュールに組み込んだ余裕時間のことを，「バッファー（buffer）」と呼ぶことがあります。バッファーとは，もともとは物理的な衝撃を吸収する緩衝材の意味です。衝撃を和らげるクッションのようなものと考えてください。このバッファーを，スケジュールを立てるときに適宜配置しておきます。

　このバッファーがあれば，突発業務による影響をある程度吸収してくれます。高速道路の渋滞の例では，バッファーは適切な車間距離にあたります。車間距離をとっておけば，多少の割り込みがあっても吸収できます。

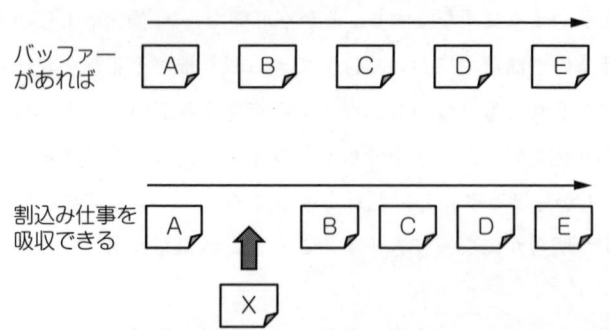

　「でも，スケジュールにバッファーを設けて，突発的な仕事がなければ，その時間は余りませんか？」と思った方もいるでしょう。

　残念ながら，時間が余ることはほとんどありません。突発的な仕事が入ってこない日は滅多になく，いつでも仕事の1割くらいは発生するものです。幸運

にも(？)時間が余ったときは，記録を見直して予測の精度を高める作業時間にあててください。

仕事は放置すれば膨張する

　このようにバッファーを設けることは重要ですが，当てにしすぎると困ったことになります。「バッファーがあるから安心だ」などと思った瞬間に，仕事が膨張してしまいます。

　たとえば，本来1時間で終えることができる仕事でも，20分の余裕時間があれば，それも全部使って合計80分消費してしまうということです。こうした時間があればあるだけ使ってしまうという人間の習性は，有名なパーキンソンの第一法則（仕事の量は，完成のために与えられた時間をすべて満たすまで膨張する）として知られています。

　この習性のやっかいなところは，それを無意識に行ってしまうという点です。バッファーを当てにしてはいけないと頭ではわかっていても，気が付くと仕事が膨張して，いつの間にかバッファーを浪費しているということはよく起こります。バッファーは，突発的な仕事に対応するための「車間距離」ですから，しっかり守らなければ意味がありません。

　仕事の膨張を防ぐためには，自分の頭に守るべき作業時間をきちんとわからせておかなければなりません。有効な方法としては，タイマー（時間がくると音で知らせる道具）使う方法があります。タイマーのカウントダウンが視界に入ると頭がプレッシャーを感じ，「間に合わせなければいけない」と懸命になります。それにより仕事を予定時間内に終わらせることができるようになります。職場で音が鳴るのは困るという人は，バイブレーターにしておくとよいでしょう。

　また，あとで詳しくご紹介するC@T（Concentrate At Task：作業に集中する）というタイマーを使った手法も大変有効です。

待ち時間を見える化する

　突発業務への対応については、バッファーを設けること以外に「待ち時間を見える化する」ことも有効です。待ち時間とは、仕事がいったん自分の手を離れて他人の手に渡り、戻って来るまでの時間です。たとえば、あなたが作った書類を上司に確認してもらう、あるいは承認してもらうといったことは日常的な仕事の流れです。そういう時は、書類がいったん自分の手から離れますが、この書類が手元に戻ってくるまでの時間は「待ち時間」です。
　そんなとき、上司にはっきりと「早く承認して戻して欲しい！」と言えず、ムダな待ち時間を費やした経験があるのではないでしょうか。
　本当は、提出した翌日には承認印を押して書類を戻して欲しいのに、「なるべく早く確認のうえ、承認していただけますか。」と言ったら、上司はどう思うでしょうか。上司に時間の余裕があればすぐに見てくれるかもしれませんが、忙しいときは後回しになったり、依頼されたこと自体を忘れてしまったりということもあるでしょう。

上司の承認待ちで仕事が進まない…

こうしたムダな待ち時間をなくすためには,「時間を見える化する」ことが効果的です。一番簡単な方法は,依頼する書類の上に「〇月×日(水)の12時までに承認印をお願いします。」と書いた付箋を貼っておくことです。

この方法を今までに試したことがないという人は,是非一度実行してみてください。おそらく上司は,初めて見る付箋に目を止めて「おや？　急いでいるんだな。」と思うはずです。

見える化メモの作り方

「付箋はいつも使っているけれど,あまり効果がない。」という人には,次に示す「見える化メモ」を使うことをお勧めします。

あなたが作った書類を明後日までに承認してもらいたいという希望があるならば,必ず期限を定量化（数値化）して示すことが大事です。

「期限を示すのは当たり前」と思われるかもしれませんが,意外とあいまいな表現を使ってしまうことも多いようです。たとえば,「急いでいるので,なるべく早くお願いします。」の「なるべく」をあなたは,どれくらいの長さだと考えますか？　こうした「あいまい表現」については,人によって多少の（時には大きな）認識のズレがあるものです。

相手との認識のズレを排除するためには,具体的な数値で示すことが必要です。それによって解釈のズレをなくすことができます。

また,どうしても自分の仕事を優先してもらいたいときは,急いでいる理由を明確にすることで,希望どおりにしてもらえる確率が高くなります。必要理由も見える化することで,確実に伝わります。

定量化することは,見える化することです。

■ 見える化メモの例

- 何月何日，午前・午後，何時までに決裁印が必要
- 承認後に次の作業が控えていることを明示
- 依頼する側とされる側の氏名を明示

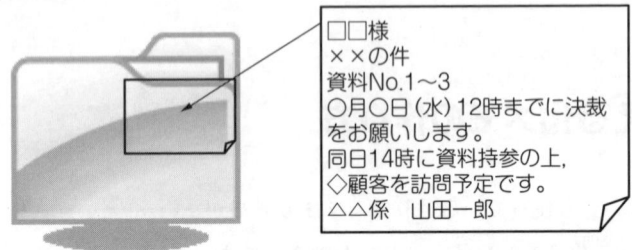

□□様
××の件
資料No.1～3
○月○日（水）12時までに決裁
をお願いします。
同日14時に資料持参の上，
◇顧客を訪問予定です。
△△係　山田一郎

見える化メモを作るときは，次のような「あいまい」な言葉を使ってはいけません。

形　容　詞	大きい，小さい，速い，遅い，忙しい，汚い，悪い
形容詞的な言葉	困難，広範囲，全部，一部，長時間，短時間
あいまいな表現	少し，しばらく，大体，多分，数回，十分，～的
受　動　態	～される，～と思われる，～と考える

見えていれば安心できる

　新入社員は，研修のときに「仕事を受けるときには，必ず納期を確認すること」と教えられます。きちんと確認をしておかないと，依頼する側が考える納期と異なっていて，トラブルになることがあります。もし，依頼者が納期についてあいまいな表現をしたら，「○月×日の17時まででよろしいですね？」とその場で確認します。また，希望の納期に対応できないときは，その理由をはっきり伝えることによって，トラブルを未然に防ぐことができます。

　また，仕事を受けたあとで万一納期に遅れそうになったら，ただちに依頼者に伝えなければなりません。その際，どれくらい遅れるのかを見積ると同時に，進捗状況も知らせるようにします。

　進捗状況は，定期的に報告をすることになりますが，その際にも定量的，具体的に伝える必要があります。「もう少しです。」，「あとちょっと待ってください。」では，かえって自分の首を絞めてしまうことになりかねません。知らせる方法は，口頭でも，メモでも，メールでも構いませんが，決して報告することを忘れてはなりません。

　私たちの身の回りにも，待ち時間を見える化したものはいろいろあります。電車の到着予定を電光掲示板に表示しているのもその1つです。電車が隣の駅

を発車したことが表示されると，間もなく到着することがわかり，安心できます。

また，短時間でのカットをセールスポイントにしている理髪店では，待ち時間の表示は大変重要です。待ち時間をシグナルの点灯色で表示しているため，客は待つかカットをやめるのかを判断できます。

混雑状況の確認

店舗の外に設置してあるシグナルの点灯色により、遠くからでも混雑状況をご確認いただけます。

- 緑色: すぐにカットができます。
- 黄色: 5～10分程度お待ちいただきます。
- 赤色: 15分以上お待ちいただきます。

シグナルの店頭表示

（キュービーネット株式会社のホームページより）

このように待ち時間が見えることは，顧客（依頼者）に安心感を与えると同時に，次の行動を決める際の有用情報にもなります。それは，一般的なオフィスワークにおいても同様です。依頼する側もされる側もムダをなくし，効率的に仕事を進めることができます。

2

効率的な仕事は段取りから

　この章で紹介することを確実に実践すれば，仕事の渋滞はかなり解消されて，効率がアップすることは間違いありません。
　ぜひ，初級編から始めてください。そして，その効果を実感してください。さらに，中級編・上級編と進んでいけば，仕事の渋滞は，どんどん解消されていきます。

時間という経営資源

　自分自身の行動や意識が原因で仕事の渋滞を招いてしまう場合は，どうしたらよいでしょうか。
　テレビのインタビューで，ある一流のテニス選手が「ピンチのときには，まず自分の意識を変えることです。」というようなことを話していました。
　しかし，ごく普通の人が意識を変えることは，なかなか困難です。一流のスポーツ選手という非常にまれな人間だからこそ「意識を変える」などという芸当ができたのです。もしそれが誰にでもできることなら，誰もがタバコを止め，ダイエットに成功し，貯蓄を増やしているはずです。
　ただし，誰もが意識しておかなければならないことがあります。それは，自分の（悪い）行動が仕事の渋滞を引き起こし，会社に損失を与えているということです。たとえば，だらだらと結論の出ない会議をしたり，書類が見つからなくて何分も探していたりといったことです。いずれも仕事をせき止め，時間という大切な資源をムダにする行動です。
　「それはよくあること。"会社に損失を与える"なんて，少し大げさすぎるのでは」と思った人は，それこそ意識を変える必要があります。
　ここで，少し哲学的(？)になりますが，時間とはなにかを考えてみます。
　時間には，次の５つの性質があります。
① 　時間は有限である。
② 　時間は止まらない。
③ 　時間は戻らない。
④ 　時間は貯められない。
⑤ 　時間は貸し借りできない。

この5つの性質は変えることはできませんが，性質を知ることで仕事の効率化のヒントが得られます。時間の性質を理解したうえで，仕事をするときにどのような点に注意して行動するべきかを考えてみます。

時間の性質	行動するときのポイント
① 時間は有限である	ムダを省く
② 時間は止まらない	俯瞰（ふかん）する，全体最適を考える
③ 時間は戻らない	計画を立てる
④ 時間は貯められない	集中する，すぐできることはすぐにやる
⑤ 時間は貸し借りできない	他者に助けてもらう，ノウハウを学ぶ

企業活動に使用される人，物，金（ヒト，モノ，カネ）を経営資源と言います。この中で，人（ヒト）は，社員が活動する時間の長さによって測ることができます。したがって，働いた時間に対して生み出した成果の大きさが問われます。

意味のない会議や探しものをしている時間のように，成果を生まない時間は会社にとって大きなムダです。さらに，時間の性質の1つ「戻らない」を考えれば，取り返しのつかない損失であると言えます。

会議と時間のムダ遣い

　あなたが，急ぎの用事があって電話をかけたときに，「○○はただ今，会議で席を外しております。」という答えを聞くことがあると思います。そして「では，いつ頃に席にお戻りですか？」と聞いても，「さあ，わかりません。」という返事が返ってくることが多いはずです。

　会議の終了時間が守られないのはなぜでしょう。製品の納期は厳守する会社でも，会議の納期は意外とルーズなところが多いようです。会議が延びれば，当然のことながら，それ以降に予定している業務に影響が出てきます。これも仕事の渋滞の大きな原因の1つです。

　「会議が延びても，直接お客様に迷惑をかけるわけではないから。」という声も聞こえてきそうですが，それは間違いです。ムダなコストを発生させることは，まわりまわってお客様に迷惑をかけることになるからです。

　日本の会社は，やたらと会議が多いと言われています。成果に結びつく意味のある会議であればよいのですが，そうでなければ時間をムダ遣いしていることになります。

　では，時間をコスト（金額）に換算して，どれくらいのコストが会議にかかっているのか，確認してみましょう。

■　会議のコスト計算

　ある会社で，月に2回ペース（年間で25回）で開催される「定例会議」があるとします。会議は毎回2時間行われます。

　参加者は毎回20人で，参加者の1人当たりの人件費が3,000円（時給換算）です。

①　この会議1回に使われる人件費を計算してみましょう。

　20人×2時間×3,000円ですから，120,000円です。

② もしも，誰かが10分遅刻してきて，その間は雑談などで会議ができない「ムダな時間」になっているとします。

1回の会議でいくらムダになっているか計算してみると，

(20人×3,000円)÷6（10分は1時間の6分の1）で，10,000円です。

③ 年間25回，毎回同じように遅刻があるとすれば，

10,000円×25回＝250,000円です。

では，25万円の利益を得るためにはどのくらいの売上が必要でしょうか。経常利益率を5％とすると，25万円÷5％＝500万円稼がなければなりません。

「いつもの会議で，ちょっと雑談をしていただけで500万円の売上が消え失せてしまう。」

だからこそ，1分1秒もムダにしてはいけない。そのくらいの気持ちで会議に臨むべきです。

仕事の優先順位

　仕事の効率をアップしようと思うなら，まず優先順位づけから始める必要があります。あなたは，優先順位をきちんと付けていますか？　ほとんどの人は，「大丈夫。仕事の優先順位はいつも意識している。」と答えるでしょう。

　ところが，「仕事の優先順位は，どのような基準で決めているのですか？」というような質問をすると，急に答えにつまる人も多いようです。

　何の判断基準も持たず，思い付きで優先順位を決めていると，いつの間にか仕事が渋滞し始めることになります。

　優先順位づけの基準で最も有名なのは，「緊急度」と「重要度」の2つを使う方法です。

　この2つの基準を横軸と縦軸に配置したものが，次の図です。

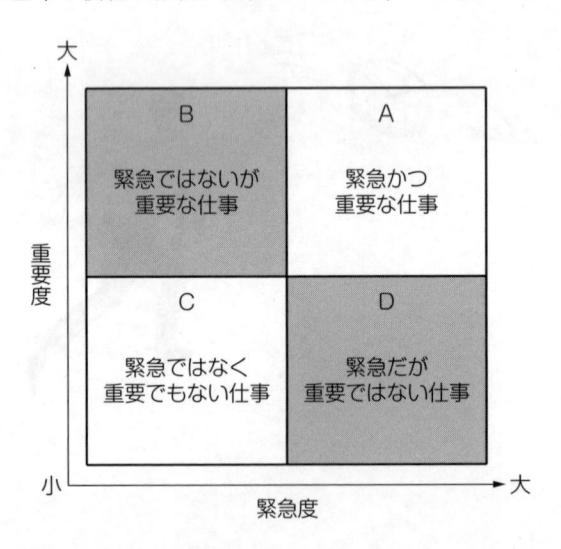

```
           大
            ↑
  重   ┌────────┬────────┐
  要   │   B    │   A    │
  度   │緊急ではないが│緊急かつ  │
       │重要な仕事  │重要な仕事 │
       ├────────┼────────┤
       │   C    │   D    │
       │緊急ではなく │緊急だが  │
       │重要でもない仕事│重要ではない仕事│
       └────────┴────────┘→ 大
      小     緊急度
```

　4つの領域の中で最優先すべきは，もちろんAです。反対に，最も優先順位が低いのはCです。ここまでは，異論のないところでしょう。

では，BとDでは優先順位が高いのはどちらでしょうか。個々の仕事の内容にもよりますが，通常はBのほうが優先度は高くなります。

ですから，優先順位はA⇒B⇒D⇒Cの順です。

さて，あなたの仕事で考えると，それぞれの枠にはどのような業務が入りますか。

実は，研修やセミナーでこの作業を行っていただくと，大体2つのタイプに分かれます。1つは，自分が担当する業務は全部重要だと考えるタイプで，AとBに集中します。もう1つは，自分が担当する業務は全部緊急にするタイプで，AとDに集中します。

「私は重要な仕事しかしません。」，「自分の仕事は全部が緊急です。」と言いたい気持ちは理解できますし，それはそれで立派なことです。しかし，なにがなんでも「全部重要，全部緊急」というのはいかがなものでしょうか。優先順位を付ける理由は，自分の仕事の相対的な位置関係を確認し，仕事の流れをスムーズにするヒントを得るためです。

したがって，仕事の渋滞を解消するためには，業務を相対評価しなければなりません。一方で緊急度が（相対的に）高くないものがあるからこそ，もう一方が緊急になるのです。

重要も同様で，重要でないものがあるから，重要な業務があるのです。

劣後順位を決める

「劣後順位」とは，優先順位の逆です。優先しない順番を決めることです。
　以下に①から⑧の業務があります。緊急度と重要度を考えて，各業務をマップ上に配置してみてください。

① 日報の作成と報告
② 顧客データのバックアップをとる
③ 交通費の清算
④ 突然の来訪者への対応
⑤ 事故への対応
⑥ 納期が迫っている仕事
⑦ 報告のための会議
⑧ 頻繁におきているクレームへの対応

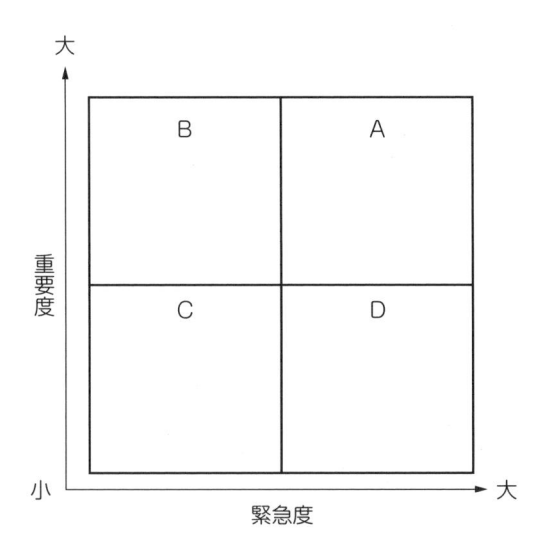

第2章 効率的な仕事は段取りから

[図：縦軸「重要度」（小→大）、横軸「緊急度」（小→大）の4象限マトリクス。左上B、右上A、左下C、右下D]

以下は1つの例ですが，A～Dの各領域に配置した理由について説明します。

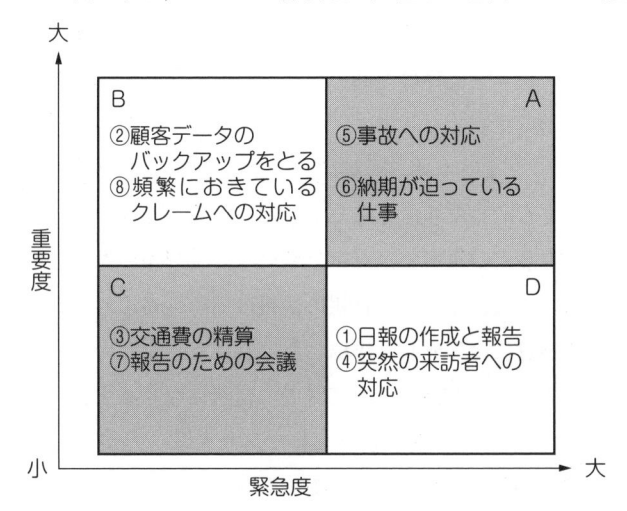

[図：同じ4象限マトリクス
B：②顧客データのバックアップをとる／⑧頻繁におきているクレームへの対応
A：⑤事故への対応／⑥納期が迫っている仕事
C：③交通費の精算／⑦報告のための会議
D：①日報の作成と報告／④突然の来訪者への対応]

Aに入る緊急かつ重要な仕事は，⑤事故への対応，⑥納期が迫っている仕事です。事故への対応がAに入るのは，十分に納得できます。

納期が迫っている仕事も緊急度が高いと言えます。もし納期に余裕があれば，同じ仕事であっても緊急度は下がりますから，Bになります。

33

次に，Bの緊急ではないが重要な仕事は，②顧客データのバックアップをとる，⑧頻繁におきているクレームへの対応が該当します。

顧客データのバックアップは，おこるかもしれないトラブルに備えることですから，重要であると考えます。しかし，そういったトラブルが今すぐに発生する確率は高くないと考えて，緊急度を下げてあります。

頻繁にクレームが来るとしたら，いったん緊急度を下げて時間を確保し，その原因を探り出して根本的な対策を実行します。

続いて，Cの緊急ではなく重要でもない仕事には，③交通費の精算，⑦報告のための会議が該当します。交通費の精算は会社のルールにもよりますが，緊急度も重要度も相対的に低い業務です。時間をかけずに，「すきま時間」で処理するようにします。

一方で，報告のための会議がCに入っていることに違和感を持った人も多いのではないでしょうか。会議は，その開催目的により重要度が変わるのです。報告だけを目的とした会議ならば，メールやテレビ会議ですませたほうがよいでしょう。逆に，重要な案件についての意見交換や，意思決定を目的とした会議であれば，重要度は高くなります。

「うちの会社は，しょっちゅう会議ばかりやっている。」と感じている人は，一度会議について目的や重要度を考えて整理してみるとよいでしょう。

最後に，Dの緊急だが重要ではない仕事には，①日報の作成と報告，④突然の来訪者への対応を入れました。日報の情報は即時性が求められますから，当日中，遅くとも翌日には作成し，提出しなければなりません。しかし，日報が重要業務にあたるかどうかは，その部署での判断になります。

また，突然の来訪者への対応もDにしてあります。万が一，突然の訪問者が顧客であれば，何を置いても対応するしかないからです。ただし，単なる売り込みなど，すぐに対応するべき必要のない来訪者については，後回しにしてもよいでしょう。つまりCに置いても構いません。アポなし来訪は，本来予定していた仕事を中断させてしまいます。まさに，仕事の渋滞を生み出す原因です。

仕事をPDCAで考える

「予定通りに仕事が進まない。」と言う人に，私が必ずしている質問があります。
「あなたは，仕事のスケジュールをどのように管理していますか？」
質問に対する答えは，だいたい次の3タイプに分かれます。

■ **タイプ1**：紙には書いていませんが，やるべきことを頭の中でイメージしています。職場をあとにする前に，翌日やることを考えます。でも，翌朝仕事に取り掛かろうとすると，電話が鳴ったりメールの返事をしたりで，なかなか予定通りにはいきません。

■ **タイプ2**：やることをTo Doリストに書いています。終わったら，1つずつ消し込みをしていますが，予定通りに終わらないことが多いです。To Doを全部消せることはまずないです。

■ **タイプ3**：パソコンやスマートフォンのアプリを使って，会議や訪問先のスケジュール管理をしています。また，課全体のスケジュールはグループウェアで共有しています。きちんと管理しているつもりですが，仕事が予定通りに進まないことがよくあります。

タイプ1: 頭の中でイメージしています

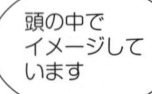

タイプ2: To Do リストに書いて、消し込みをしています

タイプ3: アプリを使ってスケジュール管理をしています

　この3つは，それぞれ有効な方法ですが，3人とも「予定通りに仕事が進まない。」と答えています。それは仕事を進めるプロセス，あるいは一連の流れといったものを押さえていないために，途中で仕事が滞ってしまうからです。

　仕事の流れを見える化するためには，PDCAを意識して使ってみることをお勧めします。PDCAとは（Plan：計画→Do：実行→Check：分析→Act：対策）の頭文字です。どんな仕事もPDCAサイクルが基本になっており，このプロセスに従うことは，「流れに乗って」仕事を進めることに他なりません。

　また，1つ1つの仕事にPDCAサイクルがあるのと同じように，1日の仕事の流れにもPDCAがあります。

■ 1日の仕事の流れをPDCAで整理する

P：今日1日の予定（作業，約束）を確認

　1日のやるべき事柄を考えて時間配分を決めます。時間軸に沿って仕事を割り当てます。

D：実行（作業，約束）を行う

　計画にもとづいて作業を実際にする時間です。

C：実行"できた""できなかった"を振り返る

　計画通りに作業ができたのか，やり残した作業があるかを確認します。

A：対策を立てる（やり方を改善する）
　　明日の作業計画を立てる時間です。やり残した作業があれば，明日は計画どおりに進むように工夫して，作業計画を立てます。
→　Pに戻る（以下，繰り返し）

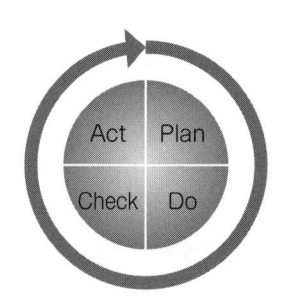

　1日の仕事もP時間，D時間，C時間，A時間ときちんと分けて意識すれば，時間を有効活用できます。

　「忙しいのに，1日の中でいちいちPDCAを意識するなんて，面倒くさい。」と思った人もいるでしょう。そもそも忙しいのだから，そんなことに時間をかける余裕なんてないと思われるかもしれません。

　しかし，よく考えていただきたいのですが，PDCAを意識するのに実際のところ，どれくらいの時間がかかるのでしょうか。Dはまさに作業そのものを行う時間ですから，すぐに見積ることができると思います。

　それ以外のPとCとAは，各々5分もあればTo Doの形に書き出すことができます。心配するほど多くの時間がかかるわけではありませんので，ぜひPDCAを意識することを心掛けてみてください。

整理の第一歩は段取りから

「計画なくして実行なし」という言葉があります。PDCAの中でもPの計画をおざなりにしてはいけません。きちんと計画を立てないと，あっという間に仕事は渋滞を起こしてしまいます。

まず，1日の計画を立てることから始めましょう。

この計画を立てるときに考える手法が，「段取り」です。

段取りとは，事を運ぶための順番を決めることで，事がうまく進むように前もって仕事の順番を整えることです。仕事を完成させるためにやらなければいけない作業を考えて，それぞれの必要時間を見積ることです。

納期を決め，そこから逆算すれば，自然と仕事を開始しなければいけない日（開始日）が決まります。

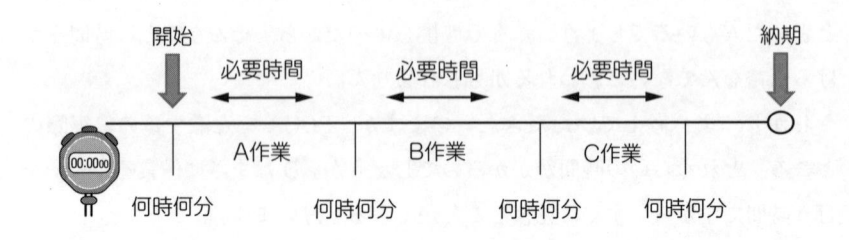

```
開始                                                    納期
 ↓    必要時間      必要時間      必要時間              ↓
─┬───←──────→──┬──←─────→──┬──←─────→──┬──○
 │     A作業     │    B作業    │    C作業   │
何時何分        何時何分       何時何分      何時何分
```

「こんなに忙しいのだから，段取りをする時間を作るなんて無理！」と言う人が少なからずいます。このような人は，段取りを仕事とはまったく別の作業だと考えているのです。

段取りとは，仕事と別のことをするのではなく，仕事の一部であり，実際の仕事を始める前に行わなければいけない準備です。忙しいからこそ，段取りをする必要があります。

この話しをすると，「段取りは，仕事の前にする別なものだと思っていまし

た。」という人が多いですが，次の図を見るとイメージがつかめます。

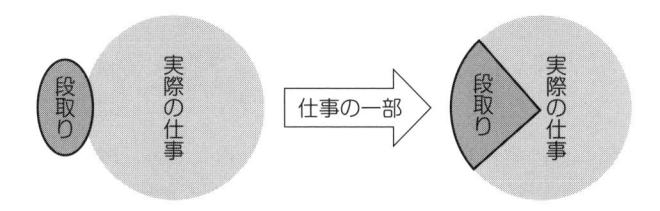

私たちが通常「仕事」というとき，仕事は「段取り」と本来の作業の集まりである「実際の仕事」の2つの要素から成り立っています。

仕事＝段取り＋実際の仕事

仕事をしたつもり

さて，あなたはどのくらいの仕事を1日にこなしているのでしょうか。それを知るために，あなた自身の昨日の仕事をすべて書き出してみてください。また，それぞれの作業に使った時間もざっくりでよいので書いてみてください。

「こんなにたくさんの仕事をやったんだ！」と，ちょっとした達成感をおぼえるのか，「忙しく働いていたはずなのに，ほとんど仕事をやっていなかった。」とがっかりするのか，どちらでしょうか。

毎日忙しく働いて遅くまで残業をしているのに，仕事が進んでいないと思った人は，「仕事をしたつもり」になっている人です。

雑談をしている時間が意外に長かったり，会議で席を外していてほとんど席にいなかったりという人もいます。その結果，本格的に仕事にとりかかるのは，残業時間になってしまう。そのせいで残業時間が長くなると，今度はその時間の長さに酔って，「自分は本当によく働いているなぁ。」と満足してしまいます。

それでも，実際の結果を見ると「たったのこれだけしかしていないの？　あんなに遅くまで頑張ったのに。」となってしまうのです。

また，残業時間になると，やけに嬉々として仕事を始める人もいます。本来の就業時間中よりも俄然やる気になっているのを見ると，「それまでの時間は何だったの？」と突っ込みを入れたくなります。さらに，残業途中に誘い合って夕食をとりに行ったまま，なかなか戻ってこない人もいます。

　このようなことに身に覚えのある人は，退社のときに「今日は何をしたのか？」をはっきりとさせましょう。思ったほど仕事をしていなかったと思うならば，あなたは「段取り」を実行する必要があります。

段取り八分

　「段取り八分(はちぶ)」という言葉があります。仕事を進めるうえで，事前の準備がいかに重要かを表している言葉です。段取りをしっかりしておけば，その仕事の8割は完了したのも同然であるという意味です。

　もちろん，段取りに仕事時間の8割をかけろと言っているわけではありません。かける時間は全仕事時間の2〜3％くらいですみます。1日の仕事を8時間として，わずかに15分くらいで，慣れれば10分もかかりません。その10分が仕事を救うのですから，わずかな時間を惜しむ手はありません。

　ところが，それを惜しんでしまって，段取りをせずに仕事を始めると，次の事例のように漏れやミスが発生し，手戻り（やり直し）がたくさん生じてしまいます。

■　**仕事の「手戻り」が生じる**

　「前年度と同じ内容の書類だから。」と言われたので，数字の部分だけを変えればよいと思っていたら，あとで一から調べ直さなければならないことがわかった。

　慌てて仕上げたため，見直しがほとんどできないまま提出をしたので，手戻りが発生した。

■ **想定していた時間よりもオーバーする**

簡単な仕事だと考えて，ぎりぎりまで取り掛からなかった。ところが，いざ仕事を始めてみたら，意外に難しくて時間がかかった。ようやく完成したので上司に承認印をもらおうとしたら，上司が会議に入っていた。

結局，納期までに提出が間に合わなかった。

■ **行き当たりばったりの手順になり，効率が悪くなる**

今日は，仕事Aを午前中に完成させる予定だったが，飛び込みで仕事Bが入ってきた。仕方がなく，仕事Aは午後に回すことにしたが，いざ午後になったら仕事Cが気になったので，少し手を入れた。

結局，就業時間中は仕事Aには全く手を付けられず，明朝必要な書類なのに，終業時間になっても完成していなかった。

段取り初級編：「ミニノート」を使って段取りを始める

　ここまでの内容で，段取りが重要であることは理解していただけたことでしょう。では，具体的に，何をどのようにすればよいのでしょうか。

　段取りは，細かくやればやるほど効果が上がります。しかし，それでは初心者にとってはハードルが高くなってしまい，継続することが難しくなります。

　そこで，簡単にできる方法から3つのステップに分けています。初級編，中級編，上級編となっていますが，できるところから取り組んでいただければ結構です。

　では，一番簡単な「初級編」から始めましょう。

　まず，ノートを1冊用意します。ノートの大きさは，あなたが使いやすいものでよいのですが，お勧めはA6判（105×148ミリ）です。私は，LIHIT LAB.の「ツイストリング・ノート」に自分で作製したりファイルを使用しています。手のひらサイズなので持ち歩きに便利ですし，歩いている途中に立ったまま書くこともできます。デジタルツールにもいろいろ便利なものもありますが，ミニノートなら電源を入れる必要もないので面倒がありません。

　使い方は，以下のとおりです。

第2章　効率的な仕事は段取りから

① ノートにやるべきこと（To Do）を記入する

　その日にやる小さい事柄も含めて，すべてを書きます。慣れるまでは，1日に1ページを使うとよいでしょう。

　仕事の実施日が決まっていれば，該当日に記入します。未定の案件は，実行予定の週の月曜日に記入します。

　「ノートには，どれくらいまで細かく業務を書くのですか？」と質問を受けることがありますが，大きい案件はもちろんのこと，小さい案件であっても忘れないように全部書きます。

　たとえば，「Aさんに○○の件で電話する。」，「○○を注文する。」というように，すべて書きます。

　また，×日が納期の仕事Bがあるならば，×日に「B　仕事締め切り」と記入します。さらに，課長に相談が必要な案件があるのであれば，「課長に△△案件相談」と記入すれば，課長に相談することを忘れません。

　また，To Doの本来の意味とは少し異なりますが，こちらが行うものだけでなく，電話をした相手が留守で折り返しの電話を依頼したのであれば，相手からの事柄も「□□から電話が入る予定」というように記入します。電話やメールの返事待ちの案件についても，先方がもしあなたに連絡をするのを忘れても，こちらで気づけるようにしておくことはとても大切です。

　たとえば，あなたは，次のような経験をしたことはありませんか。

■　お客様のCさんに，金曜日の朝9時に訪問する依頼のメールを送りました。しかし，数日たってもCさんからはメールの返事がきません。やがて，あなたも返事のことを忘れてしまい，そのことを思い出したのが木曜日の夜でした。慌ててCさんの会社に電話を入れましたが，全員帰ってしまったのか，誰も出ません。Cさんの会社は遠方にあり，片道2時間はかかります。金曜日の9時に着くためには，7時には出発しなくてはなりません。ムダ足になることは避けたいのですが，もしCさんが予定して待っていてくれたとしたら，伺わないことは大変失礼になります。Cさんの携帯番号を知らないの

43

で，途方にくれてしまいます。

　このケースでは，「Cさんからメールの返信待ち」とTo Doリストに記録をしておけば，もっと早くCさんから返事が来ていないことに気づくことができました。このような事態を避けるためにも，小さな事柄（出張のために事前に購入した新幹線のチケットの保管場所など）でも必ず書いておくことを習慣にするとよいでしょう。
　このように，To Doリストは備忘録の役割も果たしますから，どのようなことでもすぐに記録することが大切です。

段取り「初級編」：記入フォームの例

② 仕事だけでなく，プライベートのことも記入する

　1冊のノートに公私を分けずにすべて書くのがポイントです。プライベートのノートを分けると，もう一方を見るのを忘れて，ダブルブッキングをしてしまう恐れがあるからです。

■　たとえば，18時からミーティングの依頼を受けたので，予定に入れました。ところが，同じ日時に既にプライベートで別の予定が入っていたのです。ミーティングの依頼を受けたときに，うっかり一方のノートの確認をもらしたために，ダブルブッキングになってしまったのです。

　時間は，仕事用，プライベート用というように，別々に与えられていません。
　1冊にまとめて書くことで，1日の中でしなければならないすべてのことが一目瞭然になります。

③　思いついたらその場で記入する

　思いついたらその場ですぐに書きます。あとでまとめて書こうとすると，つい忘れてしまいますから，すぐに記入することが鉄則です。

④　1日を振り返る

　1日の終わりに，予定していた仕事が完了したかどうかを確認します。未達のものは，翌日以降のページに再度記入します。予定外で行った仕事があれば，赤ペンで書き加えます。1日を振り返ることで，どれくらいの量の仕事をしたのかを確認することができ，予定していたよりも多いのか少ないのかが，客観的になります。もし，少ないのであれば，仕事の進め方に改善の余地があります。

⑤ 取りかかる順番を決める

　１日の仕事を終える時に，翌日の仕事の順番を決めます。翌日になったらノートを開いて，順番に従って仕事を開始します。仕事が完了したらその都度，線を引いたり，☑をつけたり，○で囲んだりして消し込みます。消し込みは１つの仕事が終わった証ですので，達成感が得られます。

　これが習慣化すると，早く消し込みをしたいがために，一所懸命に仕事をしようという気持ちにもなります。

　ノートに書かれていない予定外の仕事をしたら，ノートに赤ペンで書き加えます。

　以上が「初級編」です。これならすぐにできそうな気がしませんか？　これまで段取りをしていなかったという人は，初級編を行うだけでも仕事の渋滞がずいぶん解消されます。いきなり100％解消とはいきませんが，少なくとも20％くらいは解消します。

　しかし，20％では足りない，50％くらいは渋滞を解消させたいと考えている人は，次の「中級編」に進みましょう。

段取り中級編:「ミニノート」で作業に時間を割り当てる

「初級編」よりも精度を上げるために,工夫を加え,ステップアップしたのが,この「中級編」です。

① やるべきこと(To Do)を時間で見る

引き続きA6判のノートを使用しますが,中級編では,1ページを上段と下段の2つに分けて使います。上段にはTo Doやるべきことを書き,下段には時間の目盛りに従い作業を割り当てます。1日に1ページを使ってもよいですし,次のように見開き2ページを1週間かけて記入してもよいです。

②から③の作業　「初級編」と同じです。

④ 作業時間を見積る

各作業にかかる時間を見積ります。作業時間を測ったことがないからわからないという人もいるでしょうが,おおよそでよいので,開始から完了までの時間を想定してください。

初めて経験する仕事の場合は,どのくらいの時間がかかるのか,よくわからないでしょうが,1回でも経験がある仕事なら,過去の経験からおおよその時間をつかめるでしょう。A作業は1時間くらい必要,B作業には30分くらい必要,というように時間を見積ります。

⑤ 時間に作業を配分する

時間軸に沿って作業を配分します。作業の順番を決めて時間の配分をすると,1日に消化できる作業量が見えるようになります(見える化)。見える化によっ

て予定を入れ過ぎてしまうこともなくなりますし，反対に時間をかけ過ぎていた作業に気づくこともできます。

段取り「中級編」：記入フォームの例

	/(月)	/(火)	/(水)		/(木)	/(金)	/(土)
To Do	To Do	To Do	To Do		To Do	To Do	To Do

時間配分

	(月)	(火)	(水)		(木)	(金)	(土)
	8	8	8		8	8	
	9	9	9		9	9	
	10	10	10		10	10	/(日)
	11	11	11		11	11	To Do
	12	12	12		12	12	
	13	13	13		13	13	
	14	14	14		14	14	
	15	15	15		15	15	
	16	16	16		16	16	
	17	17	17		17	17	
	18	18	18		18	18	
	19	19	19		19	19	

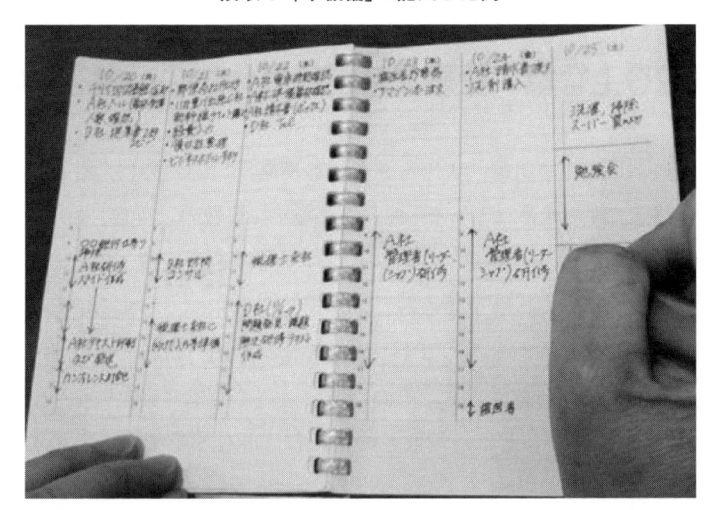

段取り「中級編」：記入した例

⑥ 1日を振り返る

「初級編」と同様に、1日の終わりに予定していた作業の完了状況を確認します。予定通りに進まなかった作業や、予定以外に行った作業を赤ペンで書き加えます。未達のものは、翌日以降のページに再度記入します。予定通りに進まなかった作業は、その原因も考えます（「原因の考え方」については、9ページを参照してください）。

以上が「中級編」です。「初級編」と比べて、作業時間の見積りと作業を時間毎に配分をすることが加わりました。ここまでの作業によって、だいぶ1日の時間の使い方が見えてきました。この作業を1か月くらい続けると、仕事の渋滞も目に見えて解消しています。ノートをつけないで仕事を行っていたころに比べると、渋滞が50％くらいは解消できます。

しかし、50％の渋滞解消ではまだ足りない。さらなる上を目指したい。90％くらいは渋滞を解消させたいと考える方は、さらに次のステップがあります。ぜひ「上級編」に進んでください。

段取り上級編：仕事を分解して作業の精度を上げる

「上級編」では，「中級編」よりもさらに精度を上げるために，仕事を複数の作業に分解します。仕事は1つの「塊」ではなく，複数の「作業」から成り立っています。仕事を1つの塊でとらえると，作業時間を正確にとらえることができませんから，実際に仕事を始めると，予定時間をオーバーすることはよくあることです。塊を分解することで1つ1つの作業を明らかにして，各々にかかる時間を見積ることが必要です。そのために，ここでは「実際の仕事」に注目します。「実際の仕事」とは，段取りの次に行う「仕事そのもの」のことを言います。

① ノートの大きさ

記入する内容がたくさんあるため，慣れるまではA6判よりも大きいA5判以上のノートを使うとよいでしょう。

②から③の作業　　「初級編」・「中級編」と同じです。

④ 仕事を分解する

仕事をできる限り，個別の「作業」に分解します。個別の作業に分解するのは，作業時間を正確に見積るためです。どんぶり勘定でなくなるので，見積りの精度が上がります。個別の作業への分解の仕方は，たとえば，次のようにパソコンを触ったことがない人に操作を教える場合の個別の作業を参考にしてください。

第2章　効率的な仕事は段取りから

■　パソコンの基本操作には，最低でも以下の8つの作業が必要です。
　＜パソコンの基本＞
　　1. 電源の入れ方
　　2. マウス操作の基本
　　3. OS（オペレーティングシステム）操作の基本
　　4. 文字入力の方法
　　5. ファイルの管理
　　6. インターネット
　　7. 電子メール
　　8. 電源の切り方

この例に限らず，いずれの仕事も複数の作業から成り立っています。

⑤　作業の順番と必要時間

　④で分解した個別の作業について，各々の必要時間を見積ります。時間の単位は，仕事によって日であったり，時間もしくは分であったり，異なります。

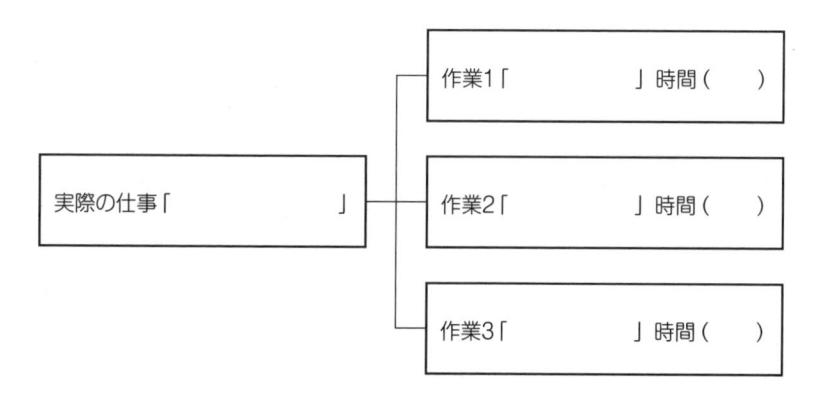

```
                    ┌─ 作業1「        」時間（　）
実際の仕事「    」 ──┼─ 作業2「        」時間（　）
                    └─ 作業3「        」時間（　）
```

　初めて行う作業の時間の見積りは，概算で行います。ここではあまり神経質にならずに，だいたいこれくらいだろうという見当で構いません。仕事にかか

る必要時間は大きな塊のまま見当をつけると、ズレも大きくなりやすいですが、分解した作業ごとに見積れば大きくずれることはありません。

　たとえば、「見積書の作成」という仕事を分解すると、「パソコンに必要項目を入力」、「印刷（押印）」、「発送（宛名を書く・切手を貼る）」の3つの「作業」から成り立っています。作業にかかる時間は、各10分、5分、7分で合計22分です。

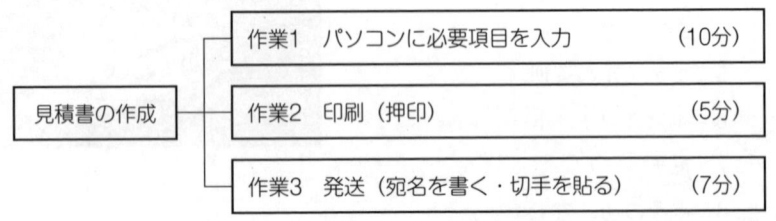

```
見積書の作成 ─┬─ 作業1　パソコンに必要項目を入力　（10分）
              ├─ 作業2　印刷（押印）　　　　　　　　（5分）
              └─ 作業3　発送（宛名を書く・切手を貼る）（7分）
```

　見積書の作成よりも大きなサイズの仕事では作業数はさらに多くなり、個別の作業時間も長くなります。たとえば、「提案書の作成」という仕事を分解すると、「提案先の調査」、「文面作成」、「表・グラフの作成」、「内容チェック・承認」、「プリント・製本」の5つの「作業」から成り立っています。作業にかかる日数は、各2日、4日、2日、2日、1日で合計11日です。

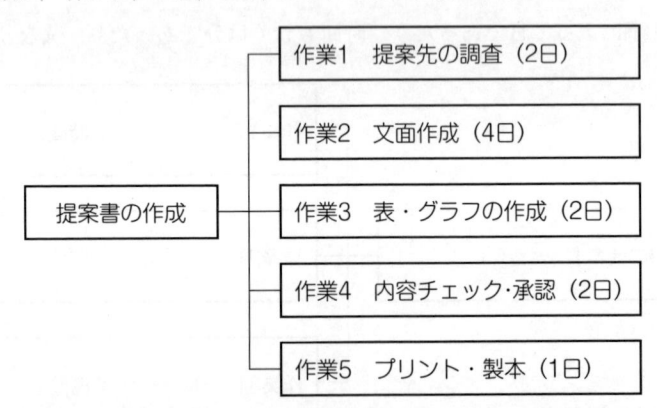

```
提案書の作成 ─┬─ 作業1　提案先の調査（2日）
              ├─ 作業2　文面作成（4日）
              ├─ 作業3　表・グラフの作成（2日）
              ├─ 作業4　内容チェック・承認（2日）
              └─ 作業5　プリント・製本（1日）
```

　慣れていない仕事や苦手意識を持っている仕事では、細かい作業に分けることが難しく感じますが、分けることで、精度はどんどん上がりますから、できるだけ細かく分けましょう。

第 2 章 効率的な仕事は段取りから

⑥ ノートに記入し，見える化します。

段取り「上級編」：記入フォームの例

　　　　　　　　　　　　　　　　　　　　　　　月　　日　　曜日

To Do リスト		⑤	
①		⑥	
②		⑦	
③		⑧	
④		⑨	

時	作業予定 ※1	突発業務 ※2	判定 ※3	変更および予定以外で行った作業
8		自他自他		
9		自他自他		
10		自他自他		
11		自他自他		
12		自他自他		
13		自他自他		
14		自他自他		
15		自他自他		
16		自他自他		
17		自他自他		
18		自他自他		
19		自他自他		

※1 始業前までに「作業予定」を整理する
※2 突発業務は自分によるものか，他人によるものかをチェックする
※3 判定は完了すれば〇，完了しない時は完了度合いを％で表記する

やり残した作業

段取り「上級編」：To Do のみ記入した例

　　　　　　　　　　　　　　　　　　　　　　　　○月　○日　　○曜日

To Do リスト		
① Aさんに9時30分に電話	⑤	Bさんへメールの返事
② 請求書作成	⑥	○○の件上司に相談
③ 交通費清算	⑦	企画書作成
④ ○月○日会議資料作成	⑧	会議資料はペンディングボックスの中
	⑨	D社訪問時持参資料はペンディングボックスの中

時	作業予定 ※1	突発業務 ※2	判定 ※3	変更および予定以外で行った作業
8		自/他		
9		自/他		
10		自/他		
11		自/他		
12		自/他		
13		自/他		
14		自/他		
15		自/他		
16		自/他		
17		自/他		
18		自/他		
19		自/他		

※1 始業前までに「作業予定」を整理する
※2 突発業務は自分によるものか，他人によるものかをチェックする
※3 判定は完了すれば○，完了しない時は完了度合いを％で表記する

やり残した作業

第2章 効率的な仕事は段取りから

段取り「上級編」：時間に配分して記入し，さらに1日を振り返りした例

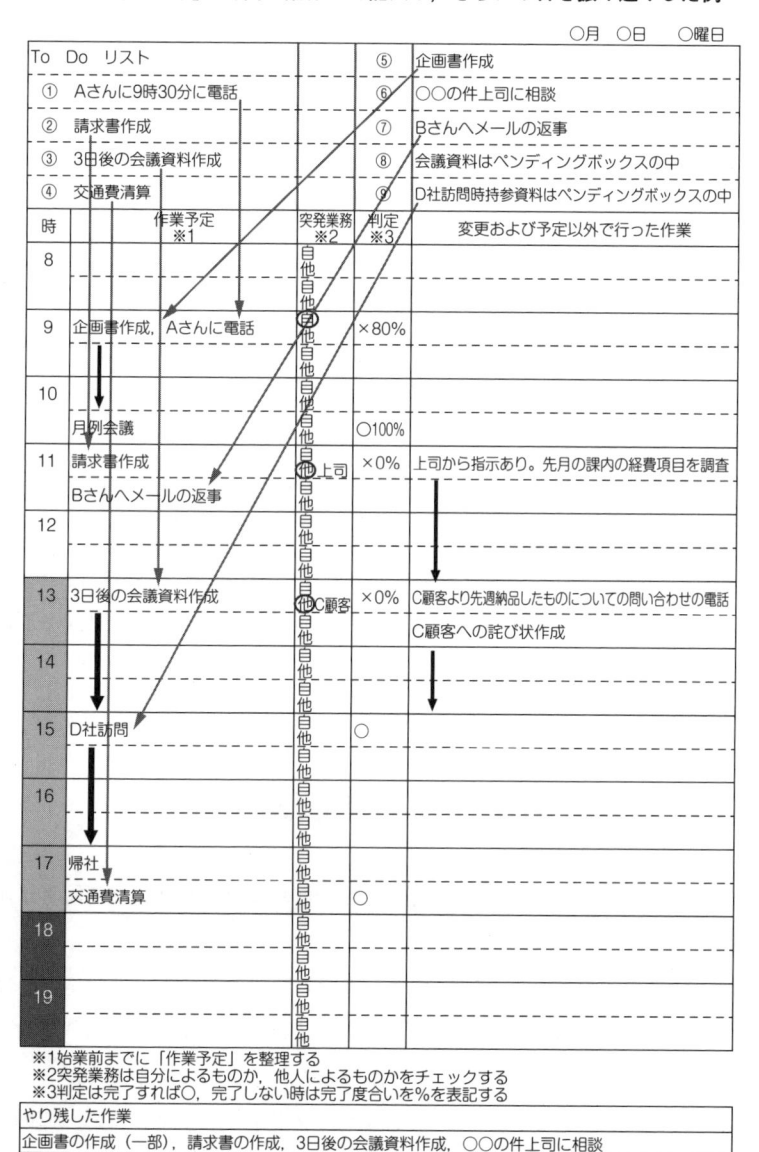

○月 ○日 ○曜日

To Do リスト
① Aさんに9時30分に電話
② 請求書作成
③ 3日後の会議資料作成
④ 交通費清算
⑤ 企画書作成
⑥ ○○の件上司に相談
⑦ Bさんへメールの返事
⑧ 会議資料はペンディングボックスの中
⑨ D社訪問時持参資料はペンディングボックスの中

時	作業予定 ※1	突発業務 ※2	判定 ※3	変更および予定以外で行った作業
8		自他/自他		
9	企画書作成，Aさんに電話	自他/自他	×80%	
10	月例会議	自他/自他	○100%	
11	請求書作成 Bさんへメールの返事	⑩上司	×0%	上司から指示あり。先月の課内の経費項目を調査
12		自他/自他		
13	3日後の会議資料作成	⑩C顧客	×0%	C顧客より先週納品したものについての問い合わせの電話 C顧客への詫び状作成
14		自他/自他		
15	D社訪問	自他/自他	○	
16		自他/自他		
17	帰社 交通費清算	自他/自他	○	
18		自他/自他		
19		自他/自他		

※1 始業前までに「作業予定」を整理する
※2 突発業務は自分によるものか，他人によるものかをチェックする
※3 判定は完了すれば○，完了しない時は完了度合いを％で表記する

やり残した作業
企画書の作成（一部），請求書の作成，3日後の会議資料作成，○○の件上司に相談

⑦　1日を振り返る

　「初級編」・「中級編」と同様に，1日の終わりには振り返りをします。

　「上級編」では，作業が完了したかどうかの判定をします。完了した作業は○，未達の場合は×を記入し，達成度合いを考えます。全く手つかずなら０％ですが，ある程度進捗した分はその割合を数値にします。数値化することで，達成状況を客観的に見ることができます。

　×のところは，なぜできなかったのか理由があるはずです。

　予定の立て方が甘かったのでしょうか。体調がすぐれなかったのでしょうか。それとも上司から予定外の仕事を急に頼まれたり，お客様からの問い合わせの電話に時間がとられたのでしょうか。つまり，何らかの理由があったのです。その理由を記入欄に書きます。

　また，その場合の責任の所在も明らかにしてください。自分の責任で達成できなかったなら「自分」，他人のせいであれば「他人」と記入します。責任の所在を明らかにしないと，翌日以降も同じ理由で完了できない可能性がありますから，しっかり押さえることが肝心です。振り返りをしたら，翌日の予定を書きます。

仕事のスケジューリング方法

　1日に予定をした仕事をすべて完了させるためには，1つ1つの仕事にかかる時間を見積り，スケジュールに組み込むことが必要です。

　では，仕事を始めてから，完了させるまでの期間はどのように設定すればよいのでしょうか。仕事には納期があり，期限に遅れては元も子もありません。納期に間に合わせるには，仕事をいつから始めればよいのでしょうか。そこを見誤ると後後に影響しますから，とても大切なポイントです。この一連の作業が，仕事のスケジューリングです。

　ところで，５Ｗ１Ｈを覚えていますか？　学生時代は身近な単語でしたが，

社会人なってからはあまり使うことはなくなりました。

あらためて，５Ｗ１Ｈとはどのようなものだったでしょうか？

５Ｗ１Ｈ	意味	段取りをする時の考え方
Who	誰（誰に）	仕事の発注者，納品者
What	何	仕事の内容
When	いつ	仕事の着手日，納品日
Where	どこ	場所（納品先など）
Why	なぜ	仕事の目的（何を目的に行うのか，なぜやるのか）
How	どのように	仕事の方法（どのような手順や手段で行うのか）

実は，この５Ｗ１Ｈは仕事のスケジューリングのときに役に立ちます。仕事の内容が自分の手元に届いたら，まず５Ｗ１Ｈの視点で把握します。仕事をいちいち５Ｗ１Ｈにするの？　と思われるかもしれませんが，５Ｗ１Ｈにすることで，仕事を計画的に進めることができます。

仕事にはプロジェクトのように大きなものから，小さいものまでいろいろあります。すべての仕事に対して５Ｗ１Ｈを明らかにすることは時間がかかって大変ですが，日々の仕事では，「Who」・「What」・「When」の３つを抑えておけば大丈夫です。

① ３Ｗの確認

自分の手元に仕事が来たら，はじめに次の３Ｗを確認します。

考える順番	３Ｗ	用件	仕事
1	Who	誰から頼まれた仕事で	
2	What	何をするのか	
3	When	いつまでに完了させるのか	

② スケジュール化

個別の作業は,取りかかる順番に並べます。作業にかかる時間を見積ると,納期から逆算して作業に取りかかる日が決まります。この日のことを「着手日」と言います。着手日を決めるときは,納期から逆算して必要な稼働日数を差し引きます。もしその間に,外出や有休などの予定があれば,その日数分も足します。

③ 「着手日」の設定がポイント

私たちは普段,納期を意識して仕事を進めていますが,納期だけを意識をしていれば大丈夫なのでしょうか。大切な仕事を納期の直前まで放っておいて,慌てて始めてやっつけ仕事になってしまうようなことでは困ります。

仕事が納期に間に合わない原因の多くは,「着手日を決めていない」ことによります。

スケジューリングは,「納期」と「着手日」という2枚のパンで「仕事」というカツをはさんだサンドイッチをイメージしてみるとよいでしょう。

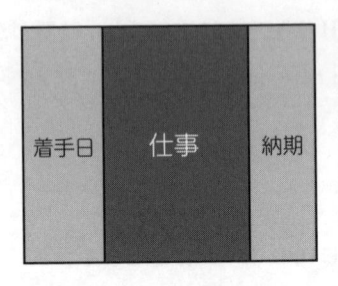

1つの例を図で示してみましょう。着手日は個別の作業の具体的な方法,作業の順番（先行作業の確認）を考え,納期から逆算して決めます。開始する日（時間）が着手日（開始時間）となります。

52ページで紹介したように,提案書の作成に必要な作業は5つに分かれています。

第2章 効率的な仕事は段取りから

作業1	提案先の調査	（2日）
作業2	文面作成	（4日）
作業3	表・グラフの作成	（2日）
作業4	内容チェック・承認	（2日）
作業5	プリント・製本	（1日）

　たとえば，企画書をお客様に10月31日金曜日の早朝に届けるには，電子メールであれば，30日の夕方までに完成させ送信します。また，着手日は土・日曜日を考慮して（2回ずつ入るので）計4日は作業ができませんから，遅くとも10月16日の朝には作業を開始する必要があります。

　郵送するならば，28日（お客様の住所によってはさらに考慮する必要がある）夕方までに完成させて投函しますから，作業は14日の朝には開始しなければなりません。

提案書を10月31日納期で完成するための着手例

```
開始                                           納期
10月16日 ←――――――――――――――――――――→ 10月31日
木曜日                                         金曜日
開始           11日                            早朝
  ↓  2日    4日    2日    2日    1日   ↓
  ├──────┼──────┼──────┼──────┼──────┤
  │作業1 │作業2 │作業3 │作業4 │作業5 │
  提案先  文面作成  表・グラフ 内容   プリント・
  の調査          の作成   チェック・ 製本
                          承認
```

59

記録をすることのメリット

　ここまで「初級編」,「中級編」,「上級編」の順番に段取りの仕方を紹介してきましたが,「毎日毎日記録をとるのは, 面倒ではないのか?」,「頭の中でイメージするだけで, 十分ではないのか?」と考えられるかもしれません。
　確かに,「私はわざわざ書かなくても大丈夫。」と言う方もいますが, 記憶のみに頼ることはあまりお勧めできません。
　「あっ, あれをやろうと思っていたのに忘れた!」と, やるつもりでいたのに, うっかり忘れてしまったということは誰にでもあるはずです。
　どういうわけか, 職場を出た瞬間にそのことを思い出したりします。「ついさっきまで覚えていたはずなのに。忘れちゃうなんて……」と自分を責めたくなりますが, 後の祭りです。
　やるべき事を漏らしてしまうことも, 仕事を渋滞させる原因の1つです。確かに, まれに「記憶しているから大丈夫。」という, うらやましい頭を持っている人もいらっしゃるでしょうが, それでは頭がもったいないです。なぜなら, 本来の目的で使われていないからです。
　あなたの頭脳は, 新しい情報をキャッチしたり, アイディアを練ったりすることに使うべきです。優れたパワーを単なる備忘録にしてしまうのは, 宝の持ち腐れです。

頭をムダに使わないためにも，段取りには記録が欠かせません。どんどん To Do リストに書き込み，頭の代わりにリストに記録しましょう。

さらに，記録をすることで，時間の使い方が見えるようになります。毎日，始業前に記録し，終業時に振り返ると，どういう仕事に時間がかかっているのか，予定通りに終わらない仕事は何か，何か問題があって終わらないのかがはっきりします。したがって，非効率な部分があれば改善策も立てやすくなりなります。

記録のもう1つのメリットは，達成感です。

To Do リストに書かれた事柄を1つ1つ成し遂げていくことで，達成感を得ることができます。なぜなら，Before と After の差が一目瞭然だからです。

午前中の終わりや午後のはじめなどの一区切りの時や，手間のかかった仕事が一段落して To Do リストから記録を消し込む作業は，ちょっとした喜びです。特にハードな仕事を終えた時ほど，消し込み作業はすっきりした気持ちになり，達成感が得られるでしょう。

3

仕事の進め方を見直してみよう

　この章では，自分を客観的に見直してみることで効率化を図る手法を紹介します。
　すべての手法を一度に試す必要はありません。使えそうだと思ったものから順番に試してみてください。その際，1人でやるにしても，職場のメンバーには，「○○を試してみようと思うので，協力してください。」と一声かけてから始めてください。
　きっと周りの人も興味を持ってくれます。

自分の仕事の性質を考えてみる

　前章までは，仕事の渋滞を解消するために突発的な仕事への対応，優先順位，段取りの仕方を紹介してきました。いずれも試していただきたいのですが，この章では少し視点を変えて，個々の仕事そのものに注目をします。仕事の渋滞解消のためにどんなに突発的な仕事に先手が打てたとしても，仕事の優先順位付けができても，正確に段取りが立てられても，作業自体にムダが生じていれば，渋滞を減らすことはできません。

　そこで，個別の作業に着目して，作業の効率化を実現する方法を考えます。

　今，「あなたが担当している仕事で，作業に時間がかかっているものは何ですか？」と聞かれたら，「私にとって，手間がかかっている作業は○○です。□□の作業は予定しているよりもいつも時間が余計にかかります。」と答えられるでしょうか。

　あなたが担当している仕事を，全部書き出してみましょう。いきなりは書けないという人は，まず次の表に従って書いてみてください。

　毎日やる仕事もあれば，週に1度，月に1度，または年に1度という仕事もありますが，頻度は気にせず，全部書き出してみてください。

月の<u>前半</u>で行う仕事	
月の<u>中盤</u>で行う仕事	
月の<u>後半</u>で行う仕事	
時期に関係なく行う仕事	
時々行う仕事	

次に，書き出した仕事を「定型仕事」と「非定型仕事」の2つに分類します。
① 定型仕事：手順が決まっている業務
② 非定型仕事：手順が確立していない業務

定型仕事とは，日常的に決まっている作業や業務で，決まった手順で進める仕事です。一方，非定型仕事（定型以外の仕事）とは，手順が確立していない業務でアイディアを練る必要がある仕事や，創造的な仕事などを指します。新しく何かを生み出す仕事です。もちろん，どちらの仕事にも優劣はありません。

定型か非定型かはっきり区別できない仕事は，非定型に分類しておきます。

定型・非定型の仕事例

定型仕事	非定型仕事
・交通費の清算 ・日報の作成 ・スケジュールの作成 ・議事録の作成 ・顧客のアポとり	・企画書の作成 ・提案書の作成 ・販売の新ルートの開拓を考える ・新商品開発のアイディアを考える

さて，あなたが担当している仕事の定型と非定型の割合は，どれくらいでしょうか。

事務や製造の仕事は定型が，企画や開発は非定型が多いでしょう。しかし，企画や開発でも，創造的な仕事がすべてというわけではありませんし，事務や製造でもアイディアを考え出す仕事もあるでしょう。また，初めは非定型だと感じる仕事であっても繰り返し経験をすることによって，だんだん定型仕事として取り扱えるようになるものもあります。また，どういう職種であっても，どちらか一方だけということはまずありません。

非定型の仕事にも段取りが必要

　時々,「非定型仕事は手順が決まっていないのだから納期が決められない。だから段取りができない。」と言う人がいます。
　以前,ある大手電機メーカーで研修を行った際,1人の受講者から「研究開発の仕事は段取りできないと思います。前例がない仕事をやっているからです。発想や創造は時間を決めてすることではありません。」と言われました。
　もっともらしく聞こえるのですが,発想や創造をする仕事であっても,納期はあるはずです。もちろん,発想や創造をすることが簡単でないことはわかります。時間を区切って机の前に座っていても,よいアイディアがすぐに浮かぶものではないでしょう。
　だからと言って,よいアイディアが出てくるまで,際限なく考え続けていられるものでもありません。どんなにクリエイティブな仕事にも納期はあります。限られた時間の中で一所懸命に考えるからこそ,よいアイディアが浮かんできます。制約がなければ,かえってよいアイディアは出てこないのではないでしょうか。
　納期を決めずに仕事をすると作業が膨張してしまうのは,先に紹介したとおりです。
　納期を設定して仕事を進めなければならないのは,定型仕事も非定型仕事も同じです。どちらも段取りが必要なことには変わりはありませんが,違うところがあるとすれば,段取りの目的と進め方が少し異なります。
　定型仕事と非定型仕事の段取りの目的と段取りの進め方は,次のようになります。
　これを見ると,非定型仕事こそ段取りが大切であることがわかります。

第3章　仕事の進め方を見直してみよう

	定型仕事	非定型仕事
段取りの目的	・ムリ・ムダ・ムラがないようにする ・仕事を効率化する	・付加価値を高める ・成果が必ず出るようにする
段取りの進め方	・仕事の標準化をはかる	・作業が膨張しないように納期を正確に設定する ・オンとオフの区切りを設ける

仕事には必ず制約条件（QCD）がある

「お金に糸目をつけず，納得できるまで存分に時間をかけて仕事ができる。」という夢のような環境はまずあり得ません。大抵の仕事には，さまざまな制約があるはずです。

すべての仕事には，制約がある中で最大限の成果を出すことが求められています。制約は仕事によって変わりますから，その中で何を優先して何を捨てるのか，優先順位をつけることを考えなければなりません。ここで，仕事の制約条件を整理してみましょう。

仕事の制約条件（QCD）

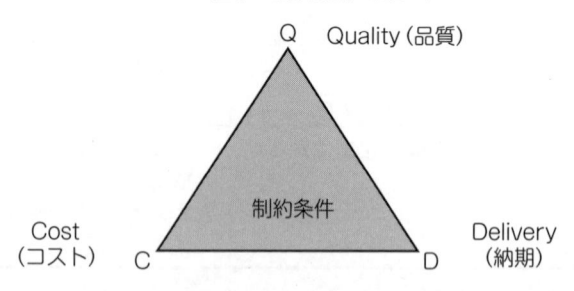

```
         Q  Quality（品質）
        /\
       /  \
      / 制約 \
     / 条件  \
    /_____\
   C          D
Cost         Delivery
（コスト）    （納期）
```

Q：Quality（品質）　仕事の成果物に求められる水準。仕事の「完成度」
C：Cost（コスト）　利用可能な経営資源（ヒト・モノ・カネ）
D：Delivery（納期）仕事の締め切り。仕事を仕上げて依頼者に渡すまでの時間

　この3つの条件は，どんな仕事にも必ずついてまわります。どれか1つを追求することによって，他の2つが犠牲になってしまうことがあります。
　たとえば，品質を重視すればコストが余計にかかるかもしれません。また，品質にこだわれば納期に遅れてしまうかもしれません。反対に，納期が絶対条件の時は，品質と価格は目をつぶらざるを得ないときもあります。
　いずれの場合も，仕事の発注者が何を重視しているのかを確認したうえで，できる限り求める水準に近づけることが必要です。
　このQCDという制約条件は，製造業ではよく耳にする言葉だと思います。しかし，製造業以外の仕事であっても全く同じことです。しかも，仕事の内容が一見QCDとは縁のなさそうな仕事であっても必要な考え方です。

■　「新製品発表会の準備」の事例
　　あなたは，上司から，1か月後にお客様300人を集めて新製品の完成お披露目会の準備を指示され，次の3つの条件が示されました。
　①　会場は300名が着席できる広さが必要。また，来場者に製品のよさが伝わるように，外光が入る窓のある部屋がよい。
　②　予算は500万円以内。

③ 2週間後に案内を発送するために，今日から10日以内で決めてほしい。

　早速会場探しを始めましたが，3つの条件すべてにかなうものがなかなか見つかりません。条件に近いものとして候補に上がっているのは，次の3つです。
① 300人入れるが，窓はない。
　　費用は500万円以内におさまる。
　　すぐに予約ができる。
② 300人入れ，窓がある。
　　費用は600万円かかる。
　　すぐに予約ができる。
③ 300人入れ，窓がある。
　　費用は500万以内におさまる。
　　現在他の仮予約が入っている。キャンセルになる可能性はあるが，結果がわかるのは2週間後になる。

あなたは，3つの候補の中からどれを選びますか？
　①は，費用と納期は条件に合っていますが，外光が入らない分，室内の明かりを調整するなどの工夫が必要なため，設備に不足があります。
　②は，設備と納期は条件に合っていますが，コストがオーバーしています。
　③は，設備とコストは条件に合っていますが，納期に間に合いません。

それぞれに一長一短がありますが，どのように判断をすればよいのでしょうか。

なかなか難しい判断ですが，いつまでも迷ってはいられません。このようなときは，まず最優先しなければならない条件は何かを考えます。

ここで気を付けなければならないことは，何を優先して何を捨てるのかをきちんと判断することです。

優先条件を決めることで，他の2点は要求する水準を下げることになります。それによって，新たに別のリスクが発生する可能性もありますが，受け入れるしかありません。

このように，仕事では重大な選択を迫られるときがあります。仕事で100％を目指したいと思っても，条件や環境が許してくれることは滅多にありませんし，自分で納得ができるまでやらせてもらえるとも限りません。

あくまでも，与えられた条件の中で最大限の成果が求められていることを忘れないようにしましょう。

自分の仕事の改善だけを追求してはいけない

　あなたが担当している仕事はどこからやってきて，どこに行くのでしょうか。仕事は天から舞い降りてきたのではありません。仕事は前の工程からあなたの元に到着し，届いた仕事にあなたが作業（価値）を加えて，次の工程へ渡します。人の手から手へ仕事が流れて，仕事は完成するのです。

　仕事は，こうした一連の仕事のつながり（バリューチェーン）によって成り立っています。バリューは価値，チェーンは鎖ですから，ここでは「価値の連鎖」と表現します。

　価値の連鎖では，1つ1つの仕事が生み出す価値は小さくても，それをつなげることで次第に大きくなっていきます。しかし，前後の工程のことを考えていないと，このチェーン（連鎖）は機能しなくなります。会社の中で，自分（部分）の仕事だけが改善されたとしても，そのために他の工程が非効率になってしまっては意味がありません。

　ここで，パン工場を例にとって考えてみましょう。

■　パン工場では小麦粉を仕入れ，それをふるいにかけて，パン種をこねて，焼き窯でパンを焼きます。

　この一連の流れが，価値の連鎖（バリューチェーン）です。
　いま，パン種をこねる作業を担当している部署が，新たに従業員を雇ったり，最新の機械を導入したりして，1時間当たりの生産個数が2倍になったとします。その結果，1個当たりのコストが20％削減できたとし

たら，この部署は「良い仕事をした」と言えるのでしょうか。

もちろん，答えは「そうとは限らない」です。

なぜなら，2倍のパン種を作るためは，前工程（小麦粉をふるいにかける）は2倍の材料を提供しなければなりません。また，そのためには，小麦粉の仕入量も大幅に増やす必要があります。

そして，個数が2倍になったパン種を引き取る後工程（窯でパンを焼く）も，2倍の仕事をしなければなりません。窯で焼くことができる個数が変わらなければ，パン焼き窯の手前で大量の仕掛品（パン種）の山ができあがってしまいます。また，仮にパン焼き窯を増設したとしても，焼きあがった2倍の量のパンをどうやって売るのでしょうか。

パン種をこねる工程がコストを20％削減した結果，パン会社全体としては大赤字になってしまうかもしれません。

このように，自分の工程だけを優先して前後の工程を考えずに仕事をすることを「部分最適」と言います。一方，すべての工程を考慮して効率アップを図ることを「全体最適」と言います。

事務仕事でも全体最適が必要

会社の組織が開発，製造，営業，流通，管理などそれぞれ異なる仕事に分かれているのは，分業したほうが会社全体として効率がよいからに他なりません。つまり，各部署はそれぞれの仕事に集中することによって，会社全体の効率や生産性を上げることを目指しています。

しかし，部分最適を追求するあまり，全体最適を損なってはいけません。それは，パン工場のような製造業ではなくても，事務仕事においても必要な視点です。

たとえば，ある部署では文書をWordで作成することが暗黙の了解になって

いるとします。その中で，ある人が自分の得意なExcelで文書を作り始めたとします。その人にとってはExcelにしたことで時間短縮になりますが，他の人が入力するには余計な時間がかかるようになってしまいました。これは，1人にとっての部分最適であっても，部署としては全体最適にはなっていない例です。

自分の仕事の効率を上げようとしたときに，「他の人の仕事を非効率にすることはないか？」と自問してみることが大切です。

もちろん，仕事の渋滞を解消しようとするときも，「部分最適を求めることが必ずしも全体最適になるとは限らない」ということを絶対に忘れないでください。

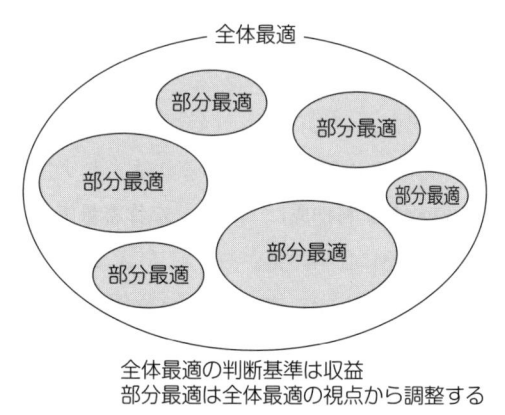

全体最適の判断基準は収益
部分最適は全体最適の視点から調整する

ちなみに，「後工程はお客様」という言葉があります。すべての工程が「次の工程のために，100％の良品を，より仕事がしやすい形で届ける」という信頼・気配り・気遣いが必要ということを表しています。

仕事のときは，「後工程はお客様」をお忘れなく。

「ムリ，ムダ，ムラ」という視点を持つ

　仕事が効率的に行われているかどうかをチェックする視点に「ムリ・ムダ・ムラ」があります。漢字で書けば「無理，無駄，斑」となりますが，一般的にはカタカナで書かれる場合が多いようです。

- 「ムリ」とは，負荷が能力を上回っている場合
- 「ムダ」とは，能力が負荷を上回っている場合
- 「ムラ」とは，ムリとムダの両方が混在している場合

　たとえば，Aさんは一所懸命に取り組むと，1時間に20枚の資料を作成できます。

　あるとき，仕事が増え，Aさんにはもっと効率を上げることが求められ，1時間に30枚の作成を命じられるとします。これは「ムリ」な状態です。Aさんにとって1.5倍，30枚の資料作成は「ムリ」な作業量です。

　ところが，そのあとで急に仕事の量が減ってAさんは資料を1時間に10枚作成すればよいことになりました。本来なら20枚作成できるのに，10枚でよくなったのです。このままでは，Aさんの能力に「ムダ」が生じることになります。

　1日のうちで1時間に10枚の作業量しかなかったり，30枚を要求されたりと山や谷ができてしまう状態があったとすれば，これは「ムラ」がある状態です。

　当然ですが，仕事でのムリ，ムダ，ムラは非効率の大きな原因です。「ムリ，ムダ，ムラはないか」を口癖にするくらい常に考え続けましょう。この「三悪」あるところに改善の余地ありです。

ECRS（イクルス）でムダをなくす

　実際に職場を眺めてみると，「ムリ，ムダ，ムラ」の中で最も多く目立つのは「ムダ」でしょう。多くの会社では，昼休みに室内の照明を消したり，ミスコピーの裏紙を再利用したりと「ムダの撲滅」に熱心に取り組んでいることでしょう。
　しかし，自分の仕事のムダとなると，案外見つけにくいものです。仕事に没頭しているときは，どうしても自分を客観視できないからです。
　そんなときに大いに役に立つのがイクルスです。
　イクルス（ECRS：Eliminate，Combine，Rearrange，Simplify）とは，生産プロセスの改善を行う際の考え方で，生産現場でよく使われる手法の1つです。4つの単語の頭文字をとって「イクルス」と呼びます。

　　E：（Eliminate）　排除する　⇒　作業をやめられないか
　　C：（Combine）　結合する　⇒　作業をくっつけたり，一緒にしたりできないか
　　R：（Rearrange）置き換える　⇒　作業手順を替えられないか
　　S：（Simplify）　簡素化　　⇒　作業をもっと簡単にできないか

　E：排除する
　　　普段当たり前に行っている仕事も，見方を変えてみると本来必要がない，止めてしまっても影響がないものがあります。いたずらに前例を踏襲するのではなく，本当に必要な業務なのかを考えることが大切です。
　　　例　書類に不備が見つかった場合に，訂正ページを送付していたが，今後はイントラネットで修正情報を流すことで対応し，訂正ページの送付はやめる。

C：統　　合

　　別々に行っていた複数の仕事を一緒にまとめることで，効率を上げることを考えます。

　　例　納品後に請求書を送付していたが，納品時に請求書を同封する。

R：置き換え

　　仕事の順番を入れ替えることで，効率を上げることを目指します。

　　例　商品の発送後に入金をしてもらっていたが，先に入金してもらってから商品を送ることで，入金の督促作業を減らす。

S：簡　素　化

　　簡略化することで，仕事の効率を上げることを考えます。

　　例　日報の記入箇所を5個から2個にして，記入の負担を減らす。

C@T（キャット）でムリなく仕事に集中する

　忙しいときは，目の前の仕事に集中し過ぎて，つい無理をしてしまいがちです。誰でも「気がつくと，休憩も取らずに何時間も作業をしていた」という経験があると思います。

　ところが，仕事が終わって振り返ってみると，かけた時間ほどの成果が上がっていないことがよくあります。仕事の成果を上げたい一心で机に向かっていたのに，なぜ結果がついてこないのでしょう。

　その理由は，人間の集中力が持続できる長さに限度があるからです。一説には，人間の集中力が続くのは長くても45分程度だそうです。

　振り返れば，私が小学生の頃の授業時間は45分でした。中学・高校は50分，大学は90分でした。以前通っていた社会人大学院に至っては，1コマの授業は180分（90分×2コマ）でした。途中10分の休憩はありましたが，今考えると実に長い時間です。果たして集中できていたかと考えると，自信がありません。

　同じように，同時通訳は15分程度が限界だそうです。また，自治体のセミナーで手話通訳者がつくときがありますが，これも3人くらいの人が約15分ごとに交替しています。集中することがとても大変なのがよくわかります。

　普段の事務仕事でも，やはり集中できる時間の限界があります。

　我が人材育成社でも精度の高い仕事をするために，集中できるようにいろいろ工夫をしました。試行錯誤の結果，事務仕事では25分間を1つのサイクルにすることが最も効率がよいことがわかりました。

　この25分間の集中時間を，弊社ではC@T（Concentrate At Task＝作業に集中する）タイムと呼んでいます。仕事の内容にもよりますが，45分間ずっと集中し続けるのは辛いですし，15分では短すぎるのです。いろいろ試した結果，1C@T＝25分になりました。

この25分の間は，話しをしたりメールのチェック，コピーをとったりすることは原則禁止にして，ひたすら目の前の仕事に集中しています。「ヨーイ，ドン」でタイマーをかけて，時間がきたら一旦仕事から離れ2～3分休憩をとるというサイクルです。これを繰り返すことで，効率的に仕事を進めることができます。

　25分という時間が絶対に正しいと言っているわけではありませんが，ルーチンワークのように慣れている仕事をするときには，大きな効果を発揮します。

　一方，アイディアを練るといった創造的な仕事をしているときには，25分は短く感じられるかもしれません。それでも，あえて25分に設定することでON（集中）とOFF（解放）のメリハリをつけることでき，想像以上に仕事がはかどることは確かです。

　集中力がかなりアップして，25分では短すぎると感じるようになったら，30分，35分と少しずつ増やしていっても構いません。自分にとってベストなC@Tタイムを見つけてください。

「がんばるタイム」と「ポモドーロテクニック」

　弊社がC@Tを使うようになったきっかけは，下着メーカーのトリンプが1994年に始めた「がんばるタイム」に影響されてのことです。

　「『がんばるタイム』しばしばマスコミに取り上げられるトリンプ随一のユニークな制度。毎日2時間（12時30分～14時30分），コピー・電話・立ち歩き禁止。部下への指示や上司への確認も禁止。自分の仕事だけに集中するための貴重な時間です。『天使のブラ』もこの時間に生まれました。スケジュールどおりに動ける。自分の仕事に集中できると，社内でも好評です。」
（トリンプ・インターナショナル・ジャパン株式会社のホームページより）

　発案者である吉越社長（当時）によれば，「がんばるタイム」の導入により，オフィスの生産性は大幅に向上したとのことです。

　トリンプのように徹底した制度は，たとえ社長の強い意思があっても維持するのはなかなか難しいものです。また，仕事内容によっては，集中時間を設けにくいものもあるでしょう。外出が多い営業職では無理という声が聞こえてきそうです。

　ただし，営業職であっても，オフィスにいる時間はトリンプのようなルールを作って「がんばるタイム」を実践してみるのもよいと思います。

　また，はじめに，試しに1人でやってみて，効果がありそうだったら周囲にいる人も巻き込んでみるのも手です。

　「がんばるタイム」はC@Tと合わせて実践することで，より大きな効果があります。ぜひ試してみてください。

　さて，C@Tを使うようになってしばらくしてから，「ポモドーロテクニック」を知りました。「ポモドーロテクニック」とは，イタリアのフラ

ンチェスコ・チェリーロ氏による時間管理のテクニックです。タイマーを使って時間を区切り，その間は脇目もふらず仕事に集中します。ポモドーロとはイタリア語でトマトのことで，最初に使ったタイマーがトマトの形をしたキッチンタイマーだったことから名付けられました。「ポモドーロテクニック」では，仕事に集中する時間を25分としています。偶然とはいえ，C@Tと同じ時間だったことに驚きました。

考えてみると，テレビ番組は本編が25分，コマーシャルが5分で，合計30分になっています。25分というのは，人間が何かに集中できる時間の長さとして，自然に受け入れられてきたのかもしれません。

【C@Tの使い方（例）】

<u>1 C@Tは25分間です。タイマーを使って25分が過ぎたらアラームが鳴るようセットしてから，仕事にとりかかります。</u>これにより，集中力が高まり仕事の効率が大幅にアップします。

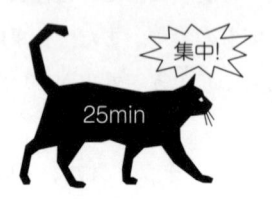

> - 仕事を始める前に，何C@Tが必要かを見積る。
>   - ☺ 実行するときには，1 C@T = 25分にタイマーをセットする。
>   - ☺ C@T中は作業に集中し，割り込みの仕事を極力入れない。
>   - ☺ メールを見たり，ネットサーフィンをしない。
>   - ☺ タイマーが鳴ったら，少しブレイクを入れる（5分以下）。
>   - ☺ 作業の途中でもタイマーが鳴ったらいったん止める。
>   - ☺ 1つの作業でいくつのC@Tを使ったのかを記録しておく。

> 仕事が終わったら，実際に何C@Tを使ったのか記録を確認する。
> 記録にもとづいて仕事の効率化をはかる。

仕事の標準時間を決める

　C@Tのような手法を使う目的は，どんな作業でもできる限り早く，正確に行うことです。そのためには，職場での作業時間の標準を設定することが有効です。

　ただし，仕事の能力は人によってバラツキがあります。同じ作業でも早くできる人と時間がかかる人がいます。たとえば，パソコンへの入力作業は，習熟している人なら30分で行えるものが，そうでない人が行うと1時間かかるかもしれません。他にも，効率的な仕事の進め方ができる人と，そうでない人がいます。こうしたバラツキをそのままにしておくと，仕事の能率（単位時間当たりの成果）を改善しようと思っても，目標になるものがありません。

　その点，製造部門では，生産管理部門等が主体となって，個別の作業につい

て標準時間を設定しています。標準時間は，製造原価算定の基礎になる重要な数値です。

標準時間の定義は，「標準的な熟練度を持つ作業者が，基準を満たす品質の製品を生産するために必要とする作業時間」です。「標準」の決め方は，作業の流れにもとづいて動作研究を行い，複数人の作業時間を分析して決定します。

一方，事務部門では，仕事の形態がさまざまですから，簡単に標準時間を決めることはできません。書類のファイリングや端末を使った単純な入力作業のように，ルーチン化された作業では，MOST（Maynard Operation Sequence Technique）法が知られています。MOST法は，アメリカのH.B.メイナード社が開発した，作業の流れ（シーケンス）を基本として考える測定手法です。今まで手作業で行われていた仕事が，機械やコンピュータの導入によってどのくらい時間が短縮し，生産性が高まったのかを判断するときなどに使われます。

しかし，事務部門の仕事には，顧客に提出する企画書のアイディア出しや，新商品のデザインのように，時間当たりの成果で標準を決めることができない仕事もたくさんあります。

そうした考えることが中心の仕事であっても，「目安としての標準時間」を決めることで仕事の効率はアップします。なぜなら，標準時間を決めておけば，次のようなメリットがあるからです。

- 仕事を定量的に把握できるので，効率アップにつながる。
- 仕事の「質」の向上を図るときの基準点となる。
- 仕事の記録が標準化されるので，業務の拡張や変化に対応しやすい。
- 組織内の人の異動をスムーズに行うことができる。
- 個人がスキル・アップを目指すときの目標となる。

4
仕事と片づけ

　モノを整理・整頓すれば，仕事の効率は上がると考えている人もいるようですが，必ずしもそうとは言えません。
　モノを減らしたり，机の上をきれいにすることだけが目的ではないからです。4章で紹介することは，1～3章で紹介したことを取り組んだ後に行うことで，大きな効果が期待できます。

職場の片づけは仕事の効率化が目的

　職場には，終業時間になると机の上をきれいに片づけ，紙1枚置いていない完璧な状態にして帰る人がいます。そういう人は大体几帳面な性格なので，仕事もきちんとこなすことが多いようです。そのため，「仕事ができる人の机はキレイ」というイメージが広がったのだと思います。

　しかし，実際は，仕事ができるから机の上がキレイなのであって，その逆ではないということです。つまり，仕事ができない人がいくら机の上をキレイにしても，仕事ができるようにはなりません。

　「片づけ」や「整理・整頓」をテーマにした多くの書籍やテレビ番組は，「片づけをすれば仕事ができるようになる！」と主張していますが，あきらかに原因と結果を取り違えています。

　もちろん，片づけをした直後は書類を探す時間が大幅に減り，広々とした(?)スペースのおかげで精神的にもさわやかになります。そのため，多少は仕事の効率がアップすることでしょう。

　しかし，時間が経つにつれて徐々に書類や資料が積まれて，いつの間にか片づけ前と同じ状態に近づいていきます。しばらくすると，以前にも増して乱雑な状態になってしまい，気がつくと以前よりも悪い状態になってしまうこともあります。いわゆる「リバウンド」です。

　「片づけ本」のほとんどは，こうしたリバウンドが起きないようなさまざまな工夫を紹介しています。しかし，そうした工夫が上手くいくのは，家の中の片づけだけで，職場ではほとんど効果がありません。なぜなら，家での片づけは「気持ちよく暮らす」ことが目的ですが，職場では「仕事の効率を上げる」ことが目的だからです。職場は家ではありませんし，仕事は家事ではありません。職場には前工程と後工程があり，綿密にスケジュールが組まれ，就業時間がコストに換算されます。

第 4 章　仕事と片づけ

　本章で紹介する片づけの技法は，仕事の渋滞解消をアシストするためのものです。机の上のスペースの活用法や，書類の管理方法についても具体的に解説してありますが，「見た目」を追求するのではなく，仕事の効率アップという目的を達成するために考え出されたものです。

仕事は「紙」でできている

　オフィスの机の上を埋め尽くしている書類，すなわち報告書，議事録，企画書，見積書，請求書，契約書，決裁書，その他さまざまな資料およびそれらのコピーの山に悩まされているビジネスパーソンはたくさんいます。　なぜこれほど書類が多いのでしょうか？　この十数年でパソコンとネットワークが急速に普及したことで，ペーパーレス化が一気に進んだはずではなかったのでしょうか？

　「1 年間に 1 人当たりどれくらいの紙を使っているか，想像できますか？」と言われてもピンとこないかもしれませんが，日本製紙連合会によると，日本の国民 1 人当たりの紙・板紙消費量は 218kg（2012 年）と世界トップクラスだそうです。

218kgの紙をA4のコピー用紙に換算してみると，500枚の1包の重量が2kg強ですので，おおよそ100包分，5万枚を消費している計算です。もちろん，全部が書類として使われているわけではなく，新聞紙や包装紙などすべて含んでの数値です。それにしても，私たちはたくさんの紙に取り囲まれて生活しているのは確かです。仕事中に立ち上がってオフィスを見渡してみると，そのことが実感できるはずです。

　現代は，仕事で使われるドキュメントのほぼすべてがパソコンによって作られています。ペーパーレスならば，そのドキュメントをデータの形で共有し，必要に応じて画面を見れば，それで仕事は進むはずです。

　しかし実際には，誰もがそのデータをプリンターで出力して書類に変えてしまいます。それどころか，作っている最中のドキュメントを，何度もプリントしては机の上に広げ，手に取って読んだり，赤ペンでチェックをしたりします。

　こうして，机の上にはプリントアウトされた書類というA4サイズの紙の山が築かれていきます。やがて，書類という名の紙は職場を埋め尽くしていきます。まさに仕事は紙でできているのです。

　このように紙の量が増えているのですから，整理をしなければどんどんたまってしまいます。手にした書類をとりあえずと適当な所に置くと，そのまま放置することになり，いざ書類が必要になっても書類の山からお目当てのものを探すのは至難の業です。貴重な時間を書類探しに費やすことになってしまうのです。

まさに，書類（紙）の渋滞現象です。

書類の山とストレスの関係

　モノ作りの場である工場では，整理・整頓をすることは基本中の基本です。工場では，整理・整頓をすることが作業効率に大きく影響することはもちろん，事故やケガといった安全面に直接かかわるからです。しかし，一般的なオフィスにおいては，書類を整理しないと安全を損なう，ということはほとんどありません。せいぜい，机の上に書類が山積みになっている人に向って，「このままだと，書類の山が崩れ落ちてきて，下敷きになるんじゃないの？」などと冗談を言う程度です。

　しかし，メンタルヘルス，すなわち「精神面の健康」という面から考えてみると，「安全を損なう」という表現は決して大げさではありません。職場のストレスは主に人間関係から生じますが，職場の環境が原因となるストレスも決して見逃すことはできません。大げさなようですが，書類の山が崩れ落ちてケガをすることはないとしても，「書類の渋滞」がストレスの原因になることは大いにあります。

　目の前に山と化した書類が積まれていると，いつも追い立てられているような気持ちになります。そのうえ，必要な書類が見つからずイライラし，大切な

時間を失うことによってストレスがたまっていきます。さらに、大切な書類を紛失してしまえば、個人の問題だけにとどまりません。上司や職場の仲間に迷惑をかけることになり、人間関係にも悪い影響を与えることになります。

　また、書類の山は、創造的な仕事の妨げになる可能性があります。「雑然とした机に向かっていたほうが、良いアイディアが出る。」と言う人もいますが、ほとんどの人は、一所懸命に何かを考えている時に目の前に書類が散乱していると、つい気になってしまい、集中力が途切れてしまいます。

　さて、あなたの職場の「書類によるストレスレベル」は、どの程度でしょうか？

　以下のチェックリスト（15問）を読んで、(強く思う・いつもする) ものに〇をつけてください。

	内　　容	判　定
1	必要書類を1分以内に取り出せる	
2	1年以上使用していない書類が、机上や机の引出しにはない	
3	不要な書類、余分な書類を受領していない	
4	書類の保管、保存場所を決めている	
5	書類の保管、保存期間を決めている	
6	共有書類と個人書類を明確に分けている	
7	ファイルをしている書類の中身がすぐにわかる	
8	作業中の書類と保管する書類を分けている	
9	保管場所には保管書類の表示をしている	
10	作業中の書類は他者が探せば、取り出せるようになっている	
11	書類は平積みにせず、すべて立てて置いている	
12	机の下に書類を置いていない	
13	退社時には机上は、電話とパソコンを除いてすべて片づけている	
14	机の引き出しの用途は決まっている	
15	袖机の用途は決まっている	
	〇の合計	

○の数が，

① 11個以上であればほぼ青信号です。書類の整理ができているので，ほとんどストレスはないと言えます。この状態を維持しながら，さらなる改善にも取り組んでください。
② 6から10個は黄信号です。このままの状態では，ストレスがたまっていきます。自分で時間を決めて毎日整理をすること，そのことを職場のメンバーにも周知してください。
③ 5個以下は赤信号です。すでにさまざまな問題が生じているはずです。たまったストレスによって，職場のメンバーとの関係も悪化します。真剣に整理を始めるべきです。

書類のライフサイクル

人間には「揺りかごから墓場まで」というライフサイクルがありますが，書類にも生まれて（作成）から葬られる（廃棄）までのライフサイクルがあります。書類を生き物あつかいすることに抵抗を感じるかもしれませんが，書類はまるで生き物のようにオフィスの中に住み着き，時間が経つと死骸となって職場に堆積していきます。

書類のライフサイクルは，「他者に伝える必要のある情報」を紙の上に書き出すところからスタートします。そして，他の人に読まれることで「情報を伝達する」という目的を果たし，その後必要に応じて保管か廃棄か，あるいは返却されます。保管とは，すぐに取り出すことができる状態で保持することで，保存とは，ほとんど使うことがなくなったものを長期間保持しておくことです。

こうしたライフサイクルがあることを認識しておかないと，不必要な書類が職場にいつまでも滞留して，仕事に悪影響を与えることになります。

次は，書類のライフサイクルを表した図です。

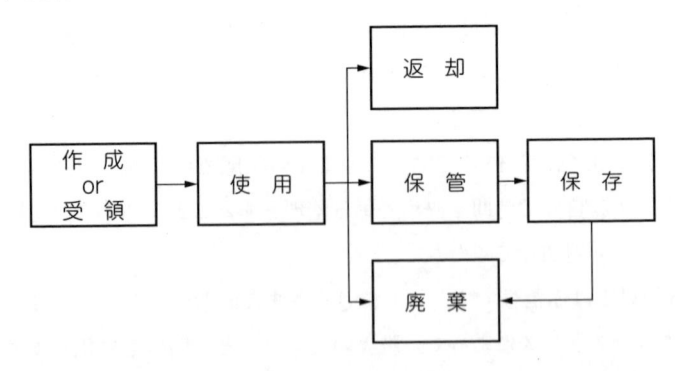

```
                    ┌──────┐
                    │ 返 却 │
                    └──────┘
                       ↑
┌──────┐   ┌──────┐   ┌──────┐   ┌──────┐
│ 作 成 │   │      │   │      │   │      │
│  or  │ → │ 使 用 │ → │ 保 管 │ → │ 保 存 │
│ 受 領 │   │      │   │      │   │      │
└──────┘   └──────┘   └──────┘   └──────┘
                       ↓             │
                    ┌──────┐         │
                    │ 廃 棄 │ ←───────┘
                    └──────┘
```

　書類が山積みになってしまう理由は，このライフサイクルのどこかで止まっているからです。この流れを止めないためには，次の2点を職場あるいは組織全体で決め，厳守することです。
　●全ての書類に日付を記入する。
　●「廃棄」，「保管」，「保存」のルールを決める。
　書類には必ず日付を入れます。日付は「生年月日」であり，ライフサイクルの管理を行う上で必須のものです。たとえ打ち合わせのときに書いたメモであっても，残しておくべき書類であれば必ず日付と作成者の名前は書いておく必要があります。
　また，すべての書類は，職場あるいは組織（会社）全体で決めた「廃棄」，「保管」，「保存」のルールに従って処理しなければなりません。言うまでもなく，仕事で使われる書類は個人の所有物ではないからです。

使用中の書類の保管

　書類は，自分で作成するか他者から受け取るかのいずれかですが，目の前にある書類はどのように保管するかを決めておかなければなりません。保管するときは，「縦置き」，「平置き」のどちらかに決めますが，一般的には縦置き保管が原則です。

　なぜなら，「平置き」は，次々に上に積み重ねていくため，「取りあえず」という軽い気持ちで置いてしまうからです。平置きは，際限なく積むことができるので，極端に言えば，天井の高さまで届くほど積み上げることができます。そこまでではないにしても，積み上がった書類の山は大変にうっとうしいものです。

　一方，「縦置き」ならば，最大でも保管ボックスの幅の分までの書類しか入りませんから，書類をため込んでしまうということも防げます。また，ボックス単位で移動もできるというメリットもあります。しかし，縦置きにも若干のマイナス点があります。収納する書類の枚数が少ないと，ケースの中で書類が傾いて曲がったり，よれてしまったりするので，ダンボールなどを使って支える工夫が必要です。

　現在使用している書類は，仕事のフロー（流れ）に応じて，一時的な置き場所や保管場所を決めます。

① イントレイ (in-tray)

　書類が他者から自分の手元に到着したら，まずイントレイに入れます。トレイがないと，机の空いているところに置かれてしまったり，他の書類に積み重ねられてしまったりします。しかも，異なる内容の書類が一緒くたになってしまうと，あとで大変困ることになります。

　また，トレイには，「私への書類や依頼事項はここに置いてください。」というメッセージを看板のように立てておけば，あなたが席を離れていても，書類を持ってきた人が迷う心配はありません。この場合の入れ物は，例外的に平置きが向いています。ちょっとしたことですが，縦置きにすると看板が見えなくなってしまうため，書類を持ってきた人が少し心配になります。平置きのほうが，看板も書類の表紙も視界に入るため安心できます。

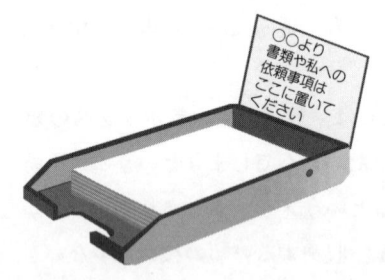

② To Do ボックス

　今日中に処理しなければならない書類や，書類以外にも繰り返し使用するマニュアルなどは，To Do ボックスに入れておきます。

③ ペンディングボックス

　ペンディング（保留）中の書類や，自分の処理は終わっていても完成に至っていない書類，提出まで間がある書類，確認や返事を待っている書類は，ペンディングボックスに入れておきます。

④ ファイリングボックス

　イントレイに到着した書類で，ファイリングする必要のある書類はこのボックスに入れます。すぐにファイルできないときやあとで一度にまとめてファイリングする場合もここに入れておきます。

第4章　仕事と片づけ

イントレイ　　　To Doボックス　ペンディングボックス　　ファイリングボックス

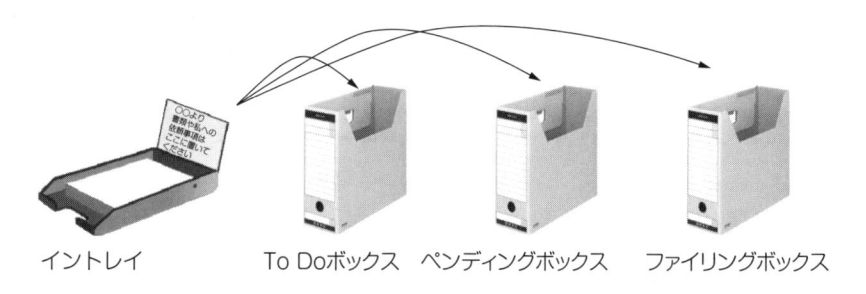

使用後の書類の保管

　書類のライフサイクルのとおり，使用が終了した書類は，返却するか保管または廃棄します。他者から借りた書類は速やかに返却し，廃棄する書類はシュレッダーにかけるなどして処理します。また，しばらく使う予定のない書類や，法律や社内ルールで何年か保持しておかなければならない書類は，所定の場所に移動し保存します。

　職場で書類を保管するときには，まず保管する場所を決めます。共有キャビネットの中でもよいし，棚の中の決まったスペースでも構いません。書類は使用したら，保管場所の一番手前に戻します。こうしておくと，あまり使用しない書類は徐々に奥に移動していきます。一番奥の位置から動かない，全く使用しない書類があったら，保存するか廃棄することを検討します。

　また，保管ルールは上司や職場のメンバーで話し合って決めます。ルールは，全員が見える位置に貼りだし，厳守するようにします。ルールがないと，保管スペースがみるみるうちになくなってしまいます。ルールで決めた保管期間が過ぎた書類は，保存するか破棄するかを判断をします。判断した結果，残す必要のあるものは保存期限を明示して，期限が来たら廃棄します。

書類整理のポイントは「迷ったら捨てない」

　書類整理の原則は，ルールに従って，その場ですぐに判断することです。廃棄するかどうか多少迷うことがあっても，まずはその場で判断をします。「取りあえず」という考え方は判断を先延ばしにしているにすぎず，書類の渋滞，ひいては仕事の渋滞を悪化させるだけです。

　ただし，廃棄するべきかどうか，どうしても判断がつかない書類は残します。「えっ，捨てるんじゃないの？」と驚かれるかもしれませんが，「捨てる」のではなく「残す」のです。

　私は，これまでに書類整理や仕事の段取りについて書かれた本を100冊以上は読んできましたが，いずれも「迷ったら捨てる」と書いてありました。また，整理をテーマにしたセミナーにもたくさん出席していますが，いずれの講師も「迷ったら捨てる」ようにと言っていました。私は，「迷ったら捨てるのが悪い」と言っているのではありませんが，仕事の書類に関しては「迷ったら捨てない」が正しいと考えています。

書類は紙ですが、紙自体に価値があるわけではなく、紙の上に書かれた「情報」に価値があります。単純に書類を紙というモノにすぎないと考えれば、用がなくなればさっさと捨ててしまったほうがよいでしょう。しかし、書類とは、紙という器の上に乗っている情報こそが実体です。ですから、書類を捨てることは情報を捨てることになります。そうした情報も中には、あとで役に立つ可能性のあるものや、時間やコストをかけて収集したものもあります。

「そんな考え方で書類を残していたら、際限がない」、「保管場所が限られているのに、どうするのだ」と思われることでしょう。

しかし、その心配には及びません。捨てるのか残すのか迷う書類は、それほど多くはないはずです。判断に迷う書類はせいぜい1割程度です。もし半分以上も迷うとしたら、廃棄する際の判断基準があいまいか、間違っているかのどちらかです。そもそも、仕事の進め方自体が確立していない可能性もあります。仕事の進め方が確立できていて、廃棄のルールを明確にしてから整理を始めれば、迷うことはほとんどありません。

さらに、「迷う書類は捨てない」と考えるのには、もう1つ理由があります。私自身、過去に、さんざん迷った挙句に書類を捨てたことで、後悔した経験があるからです。

捨てたことを後悔した経験

以前、私がある会社に勤めていたときのことです。会社から私を含む3名があるセミナーに出席しました。期間が6日間もある長期のセミナーでしたので、使用するテキストはバインダーに閉じられたものが数冊あり、積み重ねると20センチの厚みになり、かなりのボリュームでした。私は、セミナーから戻ってから、バインダーを机の上から3番目の引出しの1番奥に入れました。その後、月日は流れて2年後の年末の大掃除になりました。

それまでは、バインダーが引出しの中で大きなスペースを占めていてもそれ

ほど気にはならなかったのですが，大掃除を間近にして，だんだんと分厚いバインダーの存在が気になりはじめました。引出しを開けるたびに，バインダーが邪魔だと思いながら，高い受講料のセミナーに参加したからこそ得られた資料ですから，おいそれと捨てることはできませんでした。

しかし，しばらく悩んだ末に，ついにバインダーを捨てることにしました。「多分，私が捨てても，セミナーに一緒に参加した他の2人が保管しているはずだから大丈夫だろう」と思っていました。

それから半年が過ぎた頃，顧客に提案するセミナーのプログラムを考えていたとき，ふとあのバインダーにあったテキストが参考になる！と思いつき，中身を確認したくなりました。もちろん自分のバインダーは捨ててしまっているので，一緒に受講した2人のところに行ったのですが，何と2人とも同じ理由で，私よりもかなり前に廃棄していました。必要な情報はすでになくなっており，今さら同じ資料を買うわけにもいかず，まさに「後悔先に立たず」でした。

ですから，廃棄するときの判断に迷ったら，次のようなものは捨てずに残したほうがよいでしょう。

① 新しいもの，情報の鮮度が高いもの（書籍や雑誌などが該当することが多い）
② 入手に時間がかかったり，高価だったもの
③ 作成するのに時間がかかったドキュメント
④ 絶版になった書籍

書類をスキャナーで読み取ることの限界

　ここまで読んで,「書類が邪魔ならスキャナーで読み込んで,データで保存しておけばよかったのに」と思われるかもしれません。確かに,電子データで残せば物理的なスペースは必要ありませんから,効率よく保管することができます。しかし,私は電子データで残すことはあまりお勧めしません。
　その理由は,次の3点です。
① スキャンには手間がかかる
　　1枚2枚ならともかく,バインダーで20センチの厚さでしたら,スキャンには相当な時間がかかります。
② 背の部分が綴じられた印刷物はスキャンしにくい
　　綴じられたテキストをスキャンするのは面倒です。背表紙の部分が浮いてしまうので,ゆがんだ状態でスキャンされてしまいます。また,1枚ずつ分かれている書類なら連続してスキャンが可能ですが,綴じられていると1枚ずつ画面に伏せなければならず,面倒です。
③ 電子データにすると,あまり見なくなる
　　保管すること自体が目的になってしまうのか,その後データをあまり見なくなります。そして,いつの間にか保管したことすら忘れてしまいます。

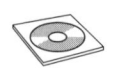

　もっとも,最近ではその煩わしさも解消されつつあるようです。スキャンするときに背の部分がゆがまない機器が大手電機メーカーから比較的安価で発売されましたし,250ページもある書籍を1分間ほどで読み取る業務用のスキャ

ナーもできたそうですから，①と②の問題はクリアできそうです。今後③の問題にきちんと対応できれば，電子データでの保管も増えてくるでしょう。

　最後に，迷った結果必要と判断して残した書類の保存期限は，どのように設定すればよいのでしょうか。保存スペースとの兼ね合いがありますから，いつまでも残し続けることはできません。スペースと，保存する書類の必要性とのバランスを考えて決める必要がありますが，保存した後も半年後，1年後と定期的に見直しをしていきましょう。

職場のレイアウトと机のゾーニング

　整理とは，「要・不要」を判断して不要であれば廃棄をすることですが，整頓とは必要なものを使いやすいように配置し，誰にでもわかるようにしておくことです。そこで，整頓する必要性を職場全体のレイアウトから考えてみましょう。重要な点は，仕事の流れに沿って書類の置き場所を決めることです。

　職場のレイアウトにあたっては，まず，仕事に伴う書類の動線を考え，次に使用頻度に配慮して置き場所を決めます。手の届くところには，毎日使う書類などを置き，少し腕を伸ばせば届くところには，毎週使うものを配置します。

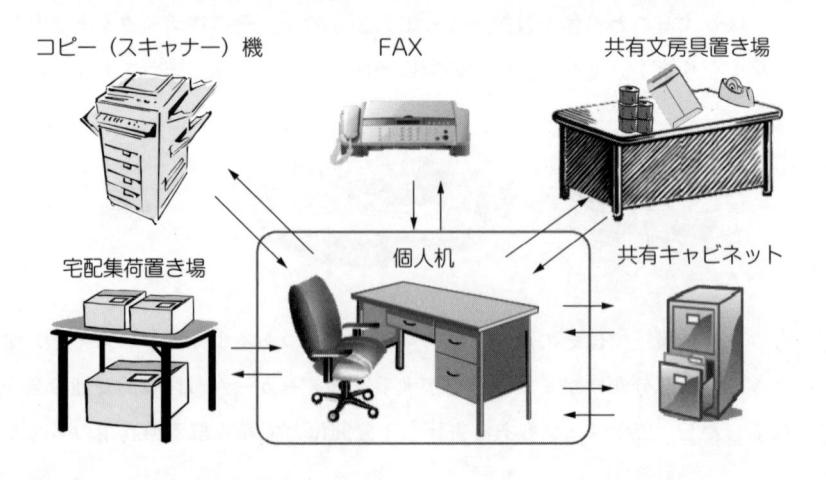

共有スペースのレイアウトは，使用目的を明確にし，それ以外の目的で使わないようにします。

　次に，机の上のレイアウトは，どのようにするのがよいでしょうか。これも仕事の流れに応じて決めます。その際，ゾーニング（zoning）という手法があります。ゾーニングとは，「ある場所を，工場地区，住宅地区などの区画に分けること」です。自宅に庭があって，よく手入れをする人はおわかりかと思いますが，花壇を作るときは，小さい花を手前に植えて，背の高い植物は後ろにします。小さい花を手前に配置するのは，日当たりを考えて背の高い木や草の陰にならないようにするためです。花壇全体の色彩構成は，色の濃いものと薄いものを隣合せにすると，双方が引き立ちます。このように，「区画に分ける」ことがゾーニングです。

　机のスペースも，仕事の流れを考えた「ゾーンニング」を考えてみます。まず，現在の机の状態を描いてみましょう。左側の図は全体を，右側の図は机の上を表しています。

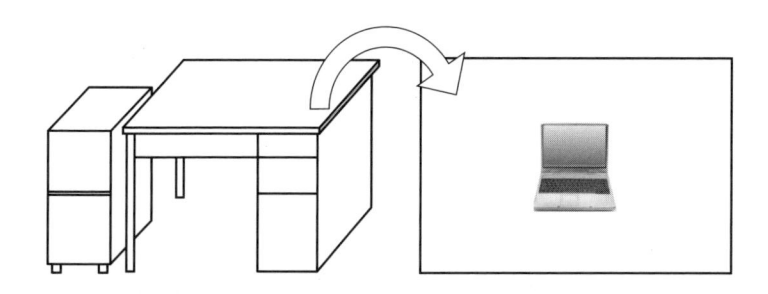

　次に，机の上を，自分を中心に手前の方から近距離，中距離，遠距離でゾーンを区切ります。左右もそれぞれゾーンを決めます。それぞれのゾーンには名前を付けておきます。次の図の例では，L（Left）：左側，C（Center）：中央，R（Right）：右側，F（Front）：正面，をそれぞれ表しています。

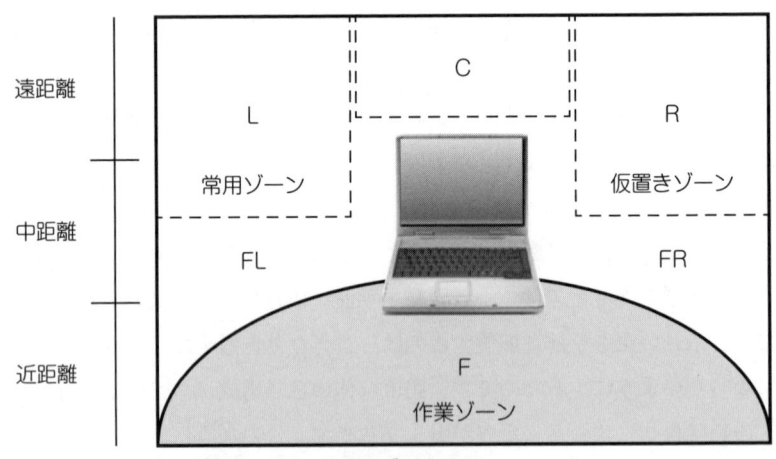

```
遠距離  ┤         L              C              R
         │      常用ゾーン                    仮置きゾーン
中距離  ┤
         │         FL                           FR
近距離  ┤                     F
                          作業ゾーン
```

L：電話，メモ，ToDoボックス
C：スペースとしてあけておく
R：イントレイ
F：A3＋αのスペースを確保

机の引出しと文具の整理

続いて，引出しの中に入っているものも整理しましょう。引出しの整理は，次の3点にもとづいて行います。

① 一旦，中に入っているものを1つ残らず，全部出す。
② それぞれに要・不要を決める（価値のあるものだけを「要」とする）。
③ 引出しごとに役割分担を決める。

職場で使う机の引出しの用途には，次のものがあります。

A　離席するときに，現在進行中の書類を保管（退社するときには，定位置に戻す）
B　筆記用具・事務用品
C　私物を入れることが可能ならば，洗面用具・眼鏡等
D　保留中の書類

第4章　仕事と片づけ

```
A
離席するときに，現
在進行中の書類を保
管（退社するときに
は，定位置に戻す）

B                  C                    D
筆記用具・事務用品   私物を入れることが    保留中の書類
                   可能ならば，洗面用
                   具・眼鏡等
```

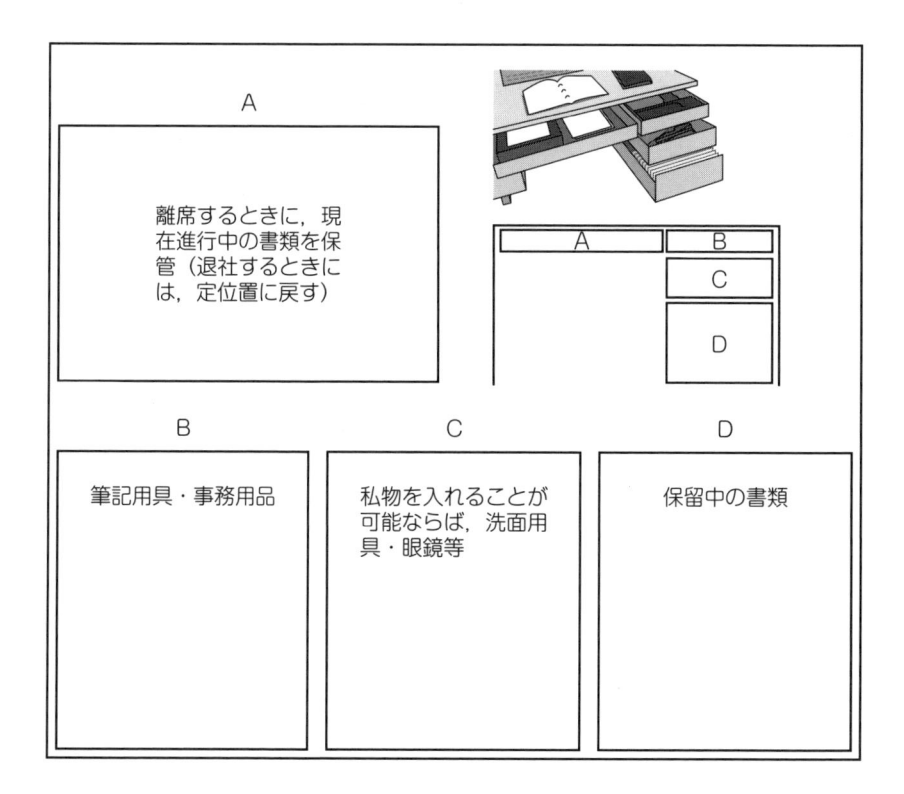

職場全体で机の整理・整頓を行うときは，文房具を次のポイントにもとづいて整理することも必要です。

- 過剰在庫（重複して持っている）をできるだけなくす。
- 不良在庫（持っているだけで使っていない）をなくす。

例をあげると，ボールペンなどの筆記具以外は個人所有にせず，共有物とします。このようにすることでスペースにも余裕ができ，コストも削減できます。

ある文房具メーカーのショールームを見学したことがありますが，そこではフリーアドレス（仕事机を固定せず，出社したときに自分が座る席を選ぶ）を採用していました。そこでは，個人使用が認められているものは，すべて個人のロッカーの中に入れておくことになっています。朝，出社したら，仕事で使うノートパソコンや書類，筆記具をロッカーから持ち出して，「本日の自分の

101

席」へ運びます。移動を身軽にするため文房具はペン類のみで，それ以外のはさみ，ホチキス，定規，のり等は必要なときに共有の作業スペースにあるものを使用します。

「はさみやホチキスが手元にないと，業務の進行に支障が出ませんか？」と尋ねたところ，「このやり方に慣れてしまえば，不都合はありません。それに筆記具は常時使用しますが，はさみやホチキスの使用頻度はそんなに高くないですから。」とのことでした。

一気にこの会社のようにするのは難しいかもしれませんが，まずは所有している文房具の数を絞ることから始めてみましょう。1種類の文房具を複数所有している場合は，1つを残して共有場所に戻し，こわれていて直せないものは廃棄し，人から借りて返却をしていないものはこのタイミングで返却しましょう。机の上も引出しの中もすっきりして，とても使いやすくなるはずです。

また，文房具の保管には，「姿置き」という方法もあります。置くものの形状（姿）を引出しの中に表示しておきます。すると，違うものを置くことができず，使用後に戻さないとひと目でわかってしまいます。

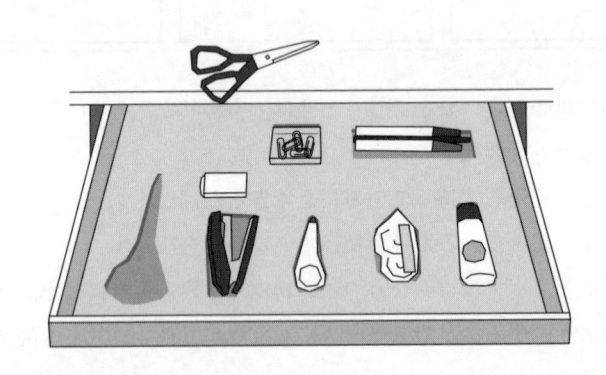

5 チームで取り組む仕事の効率化

　ビジネス整理術は，目先の「モノ」ではなく，その背後にある「コト」をターゲットにします。その際，個人レベルで行っても効果はありますが，職場や会社全体で取り組んだほうが，より大きな成果を得ることができます。さらに，ビジネス整理術は，組織全体を効率化することで，よりよい企業文化を創り維持する手段となります。
　その際には，社長をはじめ組織のトップマネジメントの積極的な関与が必要不可欠です。

働く環境の変化に対応する

　最近，私たちが働く環境に1つの大きな変化が訪れていることをご存知でしょうか。

　2014年，政府は，働いた時間に関係なく成果に応じて賃金を払う，新制度の導入を決定しました。新制度を導入した企業では，労使および本人が同意すれば，労働時間は自分で決められるものの，残業代は支払われません。

　「時間ではなく成果で評価される働き方」と好意的に受け止める意見と，「残業代ゼロで長時間労働を強いられる」という否定的な意見があります。

　当初，その対象者については，「職務が明確で高い能力を有する者」で，「少なくとも年収1,000万円以上」の従業員としています。対象者は全労働者の約4％程度（国税庁「民間給与実態統計調査」）ですが，いずれ対象範囲が広がっていくと考えられています。

　この制度によって，「仕事が渋滞しても，残業をしてなんとか終わらせればよい」と思っていた人たちは，大変困ったことになるでしょう。今までは多少ムダな時間を費やしても，残業代という対価が与えられましたが，これからは期待できなくなります。「残業」がなくなってしまえば，ただ「成果を上げるのに時間がかかってしまった」というだけの話になります。

　一方，仕事の効率を大幅にアップできる人は，むしろこの制度を歓迎するでしょう。時間ではなく成果で評価されるのですから，仕事が終われば早く帰宅することができます。あるいは，より多くの時間をかけてより多くの成果を生み出し，それに見合った報酬を手にすることができます。

　これからやって来る「成果主義時代」には，1人1人が成果で評価されるのですから，「だらだら残業」や「おつきあい残業」で時間をムダにしなくてもすみます。自分の仕事を効率よく進めて短時間に成果を上げることさえできれば，さっさと帰ってしまっても何の問題もありません。限られた時間を有効に

使い，自分にとって最適な仕事と生活の調和をはかる。これこそ，会社と社員，双方にとって最も望ましいことではないでしょうか。

　ただし，それぞれの社員が，自分の利益だけを考えて，勝手に仕事をすればよいというわけではありません。人が組織を作って仕事をする理由は，複数の人間が協力し合うことで，より大きな成果を得ることができるからです。会社は単なる「人の集まり」ではありません。1人1人に役割があり，チームで仕事をする仕組みになっています。そして，チームのメンバーが全員で取り組んで，はじめて大きな成果が得られます。

　もちろん，職場のメンバーがそれぞれ努力することは大事ですが，第3章のパン工場の例でふれたように，「部分最適を追求することが全体最適を実現するとは限らない。」ことを思い出してください。個人で行う仕事の効率化だけを追求してしまうと，かえって職場や会社全体の効率を損ない，結果として個人の成果も得られなくなってしまう可能性もあるのです。

　職場や会社という「全体」の成果を最大にするためには，個人の効率アップをはかるだけではなく，職場や会社全体を見渡しながらお互いに協力し合うことが必要です。したがって，ビジネス整理術においても，「チームで取り組む」という会社全体最適の視点が必要になります。

　ワーク・ライフ・バランスの観点からも，仕事と生活の調和を実現するためには，職場や会社全体でビジネス整理に取り組む必要があります。

この章では，どうすれば仕事の渋滞解消のためのさまざまな技術を職場や会社といった「チーム」で活用し，成果を上げられるのかを解説します。

「習慣化」のワナ

ビジネス整理をチームで行う前提として，チームのメンバー1人1人が仕事の渋滞を解消しようとする意思を持っていなければなりません。個人で取り組む仕事の効率アップの手法としては，「片づけ」は大変魅力的です。

片づけは，誰でもすぐに始めることができて，効果も実感しやすいため，多くの人が実行しています。机の上を少し片づけただけでスペースが広がり，目の前の作業に集中することができます。そのため，定期的に職場全体で「整理・整頓の日」を設けている会社もあります。あなたも「今日は水曜日なので，5時になったら一斉に片づけをしましょう！」という職場の話を聞いたことがあるかもしれません。

しかし，「はじめに」でも述べたように，単なる片づけでは，船底に空いた穴から水が入ってきているのに，目の前の水を一所懸命くみ出すことと変わりません。何も考えずに手を動かしていると，「水をくみ出すこと＝片づけること」自体が目的になってしまいます。こんな状態を「片づける習慣が身に付いた」と言って喜んでいるようでは，仕事の効率化はとても達成できません。まさにこれは部分最適の発想です。

モノの整理に関する本の多くには，整理・整頓を継続するためには「習慣にすることが大事」であり，「習慣化してしまえば整理も整頓も簡単にできるようになる」と書いてあります。もともと，片づけは習慣化しやすいという特徴を持っています。誰でもやればできますし，やれば結果が出るので，達成感もあります。そのため，定期的に取り組もうという気持ちになります。そして，習慣化の方法として，簡単な事柄から始めて少しずつ難易度を上げていく方法が本や雑誌で紹介されています。

ここまで読んでくださった皆さんには，こうした考え方が非常にまずいことだとおわかりいただけることでしょう。「目の前の書類の山がなくなったので，仕事の渋滞が解消できました」というのは大間違いです。

「片づけの習慣化」によって，仕事そのものを見直すための大切な時間がどんどん減ってしまいます。片づけを追求した結果が，仕事の渋滞であってはまったく意味がありません。

ビジネス整理においては，「習慣化」はむしろ避けるべきことです。目の前に散らかったモノにではなく，仕事の見直しに時間と労力を投じる必要があります。「モノよりもコト」，「部分より全体」が大事です。

「メンテナンス」という発想

習慣化を避けるとしても，職場の環境が悪くなるのを放っておいてよいのでしょうか。

ここでは，全体最適の考え方に沿っている「メンテナンス」（保全活動）という手法をお勧めしたいと思います。

メンテナンスは，英語の maintain（維持する）の名詞形で，建物や自動車などの保守，整備，点検，手入れといった意味で使われている言葉です。わかりやすく言えば，「正常な状態に維持できるように手入れすること」です。習慣は「意識せずに繰り返すこと」ですが，メンテナンスは職場を「成果を生み出す装置」として意識します。

巨大な装置である職場を正常な状態に維持することが，ビジネス整理におけるメンテナンスの考え方です。

メンテナンスには，次のような種類があります。

事後保全：問題が起きてから修復を行う。
予防保全：問題を未然に防ぐために修復を行う。
改良保全：問題点を発見して改善策を実施する。

職場のメンテナンスは，次のステップで行います。基本的に，PDCA サイクルにのっとって行います。

Plan ：「正常な職場環境」とはどういう状態かを定義する。
　　　　その状態を維持するために必要な作業を書き出す。
　　　　その作業に必要な人員と時間を見積る。
　　　　作業スケジュールを作成する。
Do 　：メンテナンス（作業）を実行する。
Check：実行結果に過不足がないかを洗い出す。
Act 　：改善策を作る。
　→　再び Plan へ戻る。

ここで最も大切な点は，「正常な職場環境」の定義です。

たとえば，「いつも使用する書類やファイルが定位置にあり，すぐに取り出すことができる」というだけなら，モノの片づけレベルと大差ありません。どのような仕事があって，その仕事のために必要な作業は△△で，その作業は○○という書類を使うというところまで決めておきます。

たとえば，次のような一連の作業から成り立っている仕事があるとします。

- 毎月10日までに，翌月の生産に必要な部品の過不足を確認する。
- 製造部から送られてくる現品確認票と，部品手配表を付け合せて確認する。
- 不足分があれば，追加発注リストに記入する。
- リストはプリントアウトして上司の承認印をもらい，ファイルに保存する。

　こうした一連の作業に必要な書類やファイルなどは，机や棚のどの位置にあるのがよいかを考えて配置し，その状態を維持するために必要なメンテナンスを実行します。

　もちろん，実際に行うことは，片づけと同じような行為になります。しかし，単なる片づけと異なるのは，仕事の方法や内容が変われば，メンテナンスも変わるということです。むやみに書類を棚に押し込んでしまうとか，廃棄してしまうということではありません。

　どんなに立派な建物や装置でも，放置すると時間とともに劣化し，さまざまな問題を引き起こします。同様に，職場も放置していると，やがて書類の山に埋もれてしまいます。

　習慣化が個人的，感覚的なものだとすれば，メンテナンスは職場全体で取り組む計画的な作業です。限られた人員とスペースを効率的に使って「仕事の渋滞解消」をモノの面から支援していくために，メンテナンスの考え方は欠かせません。

メンテナンスチームを作る

　以前，ある電子部品メーカーから，「5S（整理・整頓・清潔・清掃・しつけ）」があまり上手くいっていないので，どこに問題があるか調べてほしい。」という依頼がありました。早速，そのメーカーの工場へ行ってみると，いくつか気になるところがありました。

　工場の中は一応きれいに整理・整頓してありましたが，整理・整頓が行き届いている場所と，そうでない場所がはっきりと分かれていました。柱に○○課というプレートが貼ってある製造ラインでは，他の場所よりも目立って工具や部品，屑などが散らかっていました。

　不思議に思って，5Sリーダーの係長にその理由をたずねました。すると，こういう答えが返ってきました。

　「ああ，確かに○○課のあたりは少し雑然としていますね。あそこは今，とても忙しいので仕方がないのです。それに，うちの5Sは毎週月曜日なんですよ。来週の月曜日には全部きれいになっているはずです。」

　私は驚いてしまいました。つまり，この工場では5Sを「週に1回，定期的に行う片づけ」として実施していたのです。

もちろん，5Sについての理解不足があることは間違いないのですが，なによりも「整理・整頓＝片づけ」という発想が問題です。片付けは，見た目をきれいにするだけの対症療法にすぎません。一方，5Sの整理・整頓は，仕事の渋滞を起こす原因をとらえて，対策を実施したうえで行うものです。

　私が最初に行ったのは，工場長を責任者にした「職場メンテナンス委員会」の立ち上げでした。全部のラインの課長と既存の5S推進チームのメンバーにも参加してもらいました。

　委員会の構成は，工場長が委員長，管理部長が議長，各課長は委員であり，私はコンサルタント役として「やるべきこと」を提示しました。

　実際の活動に入る前に工場長以下全員に，私が講師となって「職場メンテナンス研修」を受講してもらいました。この研修の目的は，次の点を徹底して理解してもらうことでした。

- なぜメンテナンス活動が必要なのか
- 仕事の渋滞とはなにか，その原因と対策について
- 5Sとメンテナンス活動の関係について

　ここで最も大切なのは，「なぜメンテナンス活動をするのか」という点です。メンテナンスという言葉は，この工場で働く人たちにとっては「機械装置や設備の保全活動」として非常になじみのある言葉です。ですから，この言葉を職場環境に対して使うと混乱するのではないかと，少し心配していました。しかし，研修を通じて職場環境も機械設備と同じように「保全」が必要だということを大変よく理解してもらうことができました。

　その後，各課を横断する形で「職場メンテナンスチーム」を作り，「職場環境のあるべき姿」を定義することができました。メンテナンスチームはその後しばらくして解散し，以前からあった5S推進チームに活動内容が引き継がれました。その際に，職場の整理・整頓のルールを定めた「職場のメンテナンス契約書」というタイトルの資料を作り，全員に配布しました。もちろん本物の契約書ではありませんが，タイトルが新鮮だったせいか，全員が自主的にルールを守るようになったとのことです。

数か月後，工場長から「5Sが活性化して，工場内の環境もかなり改善された。」という嬉しい知らせが届きました。

全社で取り組むビジネス整理

　ここでは，ビジネス整理を職場（あるいは会社）全体に適用する手順を解説します。
　前述のとおり，ビジネス整理は個人が行っても効果がありますが，やはり職場などのチームで取り組んでこそ，大きな効果が得られます。最も効果的な方法は，会社の幹部，特に経営者が率先してビジネス整理に取り組むことです。
　もしもあなたが経営者で，「私は忙しいから，そんな面倒なことをやっている暇はない」とお考えでしたら，会社の仕事の効率化はいつまでたっても実現できません。忙しいからこそ，自らの仕事を効率的に進める手法を身に付けることで，より大きな成果を手にすることができます。
　もちろん，さまざまな理由ですぐに取り組むことができない場合もあります。そのときは，必ず経営幹部に依頼してください。そして，組織のトップである社長がコミット（約束）していることを何らかの形で表明してください。朝礼の場でも，全社員あてのメールでも構いません。言うまでもなく，幹部が率先しないで指示するのみでは，何を命じてもうまくいきません。

第5章　チームで取り組む仕事の効率化

　経営幹部からのメッセージが発信されたら，いよいよ実践段階に入ります。5Sや改善活動のように，しっかりとした組織体制を作ることからスタートしてもよいのですが，あまり「硬い」仕組みを作ってしまうと，参加者に「やらされ感」が出てきて，途中で息切れします。

　ビジネス整理は，職場（あるいは会社）取り組む仕事の効率改善のための活動ですが，QCサークルのようにきちんとした形式にこだわる必要はありません。スタート時は，「自分の仕事の渋滞を解消する」という部分最適の視点から始めればよいのです。全体最適の視点は，活動回数を重ねるごとに徐々に身に付いてきます。あくまでも，1人1人の視点を大切にしながら，職場全体の活動へと持ち上げていくことが大切です。

　実際の進め方ですが，職場で定期的に行っている会合（たとえば，月曜の朝の定例会議など）があれば，それに便乗して，プラスアルファの活動として時間を取ってもよいでしょう。ミーティングを取り仕切るリーダー役は，課長などの役職者が担当します。ただし，前面に出て参加者を引っ張るのではなく，司会およびまとめ役として行動します。

113

次に、ビジネス整理を意識した「会合の名称」を決めます。たとえば、製造部門のように設備機器になじみがあれば「仕事メンテナンス・ミーティング」、事務部門なら「仕事の渋滞解消ミーティング」あるいは「ビジネス整理ミーティング」でもよいでしょう。

ただし、「メンテナンス活動」の例のように、すでに5Sや改善活動といった仕組みができあがっている職場では、それを利用するようにしてください。一見、同じような活動をする会合が個別に存在していると、混乱の元になるからです。その際は実施期限を決めて、目的が達成できたら既存の仕組みにバトンタッチします。

ビジネス整理のミーティングで話し合うこと

最初の会合では、何よりも「なぜビジネス整理に取り組むのか」を十分に理解してもらうことが大事です。1回目の会合では、次の点について、メンバー全員が納得するまで話し合ってください。

- （最初は）自分の仕事の渋滞を減らして、効率よく仕事を進めることが目的
- そのために、突発的な仕事を洗い出し、その原因を探って対策を打つ。
- お互いのムダを省くため、職場のメンバー全員で協力し合う。
- 机の上や書類棚、その他の共有物といったモノの整理・整頓も行う。
- 1度で終わらせず、メンテナンスの発想を理解して、細く長く続ける。

次に、メンバー各自が仕事の渋滞を起こす原因（と考えていること）を書き出してみます。

スタート時点で、仕事の渋滞を生み出しているさまざまな原因をはっきりさせなければ、先へ進めないからです。このときに、階層や職種に関係なく、自分が思っていることを正直に書きます。書き終わったら、全員が順番に発表します。おそらく、ほとんどの人は「他人の行動」に渋滞の原因があると主張す

るはずです。いわゆる他責（自分ではなく，他人が悪いから仕事が渋滞する）の視点になっているからです。しかし，ここでは他責であるかないかを議論する必要はありません。全員で話し合って，突発的な仕事の正体を白日の下にさらす(！)ことがこのミーティングの目的です。

　たとえば，ある社員が「課長はいつも，夕方5時近くになると突発的に仕事を振ってくる」と書いたとします。当の課長はそれを見て「いや，そんなことはないだろう」と思っているかもしれません。そこで，過去に突発的に割り込んできた仕事には，どのようなものがあるかを洗い出してみます。その仕事がどこから来て，何が目的で，なぜ「突発」になったかなどをはっきりさせます。さらに，割り込まれた側の社員が，どのような仕事をしていて中断されたのかも明らかにします。

　こうして，突発的な仕事を客観的に見ることによって，「先手」を打つことができるかどうかを考えます。さらに，他者に割り込みを入れるときのタイミングや方法について話し合い，全員が合意できるルールを作ります。

　数回のミーティングでこれだけのことを行うことができれば，おそらくその職場の仕事の渋滞の半分くらいは解消するはずです。

部分最適から全体最適へ

ミーティングでは回を重ねるごとに，個人レベルの視点から徐々に職場全体の視点へと上げていきます。リーダーは，最終的に次のような効果が得られるようにミーティングを導いていきます。もちろん，すべてを実現するのは難しいことですが，ビジネス整理を通じて社員の視点を上げていくことを意識しながら進めます。

■ 直接的な効果
　① 仕事のムダの減少
　　●物を探すムダの減少
　　●その他の作業のムダの減少
　② 仕事の品質の向上
　　●ミスの減少
　　●改善意識が生まれる
　③ 安全の確保
　　●物品の放置がなくなる
　　●安全ルールの徹底
　④ 納期の確保
　　●優先順位の明確化
　　●進捗管理の徹底
　⑤ モラルの向上
　　●ルールを守る
　　●あいさつの徹底
■ 間接的な効果
　⑥ 仕事の改善力向上
　　● PDCA を実践する能力が向上する

●メンバーとのコミュニケーションが活発になる
⑦　組織の問題解決力が高まる
　●組織としてのさまざまな問題の共有化
　●問題解決を実現する能力の向上
⑧　組織の活性化
　●目標に向けてチャレンジする姿勢が生まれる
　●他部署との連携が進む

　こうした全体最適を考えながらビジネス整理に取り組めば，仕事の効率アップというレベルを超えて，組織を変える活動に発展していきます。また，5Sや改善活動のような全社的・組織的活動が停滞しているときには，それらを再活性化させる刺激になることもあります。

　経営層が率先してビジネス整理に取り組まなければいけない理由が理解していただけるでしょう。

職場を見れば会社がわかる

　私はコンサルティングや研修の仕事で，1年のうち約100日は企業や自治体を訪問しています。コンサルティングといっても，応接室や会議室の椅子に座っているわけではありません。クライアント（主に人事部門）のオフィスにいるよりも，営業部や開発部の部屋，工場，倉庫，地方の支店や出張所に出向くことのほうが多いです。そうした場所は，普段外部の人間が立ち入ることはほとんどありません。したがって，その会社の「ありのままの姿」を見ることができます。

　「倒産しそうな会社の特徴は，社員があいさつしない，整理・整頓ができていない，トイレが汚い」とよく言われますが，弊社のクライアントには，幸いにしてそうした会社はありません。もちろん，「社員がきちんとあいさつし，整理・整頓が行き届いていて，トイレもキレイな会社」は，規模の大小に関係なく業績がよいところがほとんどです。

　ところが，以前研修のために訪問した，名前を言えば誰でも知っているある大手企業では，少し様子が違いました。

　研修会場として使用する会議室に案内され，準備をしていたところ，ホワイトボード近くの床の上に汚れたティッシュが落ちていました。ホワイトボード用のクリーナーの代わりにティッシュを使って消したようでしたが，丸められた状態で放置されているのです。私はティッシュを拾い上げましたが，今度はそれを捨てるゴミ箱がありません。結局，拾い上げたティッシュをホワイトボードのペン立てに置いて，研修を始めました。

　また，同じ会社の別のオフィスにお邪魔したときにも同じようなことがありました。ティッシュの他に，ビニール袋が床に放置されていたこともありました。目の前に汚れたティッシュやビニール袋が放置されているのに，研修の担当者も会場にやってくる受講者もまったく気にならないのか，誰も拾い上げる

第5章　チームで取り組む仕事の効率化

人がいないのです。まるで，そこにゴミがあるのが当たり前といった感じでした。どうやら，ゴミが落ちていても整理・整頓ができていなくても，その会社の人たちにとっては見慣れた風景だったようです。

　この会社では，1人1人の整理・整頓はできているのかもしれませんが，共有スペースについては全く関心がないようです。実は，この会社は「人事制度改革」で話題になったことがあります。もしかすると，この会社には個々人が自分の成果だけを追い求める「個人主義文化」があるのかもしれません。

　「ゴミを拾おうとしない会社」の文化も，結局は長い期間におよぶ社員の行動が生み出したものです。そんな文化を持つ会社に制度改革を持ち込んでも，決して上手くいきません。職場の様子を少し観察すればその会社の文化がわかり，人事制度が正しく機能するかどうかもわかります。大げさではなく，たった1つのゴミからその企業の文化が見えることもあるのです。

　このように，組織風土や企業文化というものは，こうした日常的な小さな出来事の積み重ねによって創られます。日本酒や味噌が長い時間をかけて醸成されるように，優れた会社の企業文化は「社員がきちんとあいさつする，整理・整頓を欠かさず行う，トイレもキレイに保つ」といった日々の行動が基本にあります。

　ビジネス整理術を実践することは，日常の仕事の効率化と同時に，社員の行動を変え，「善き企業文化」を創り出すことでもあるのです。

119

あとがき

　ビジネス整理術の研修やセミナーが終わると，受講者からさまざまな質問を受けます。

　「今日の研修の内容はとても有効だと思いますが，忙しくてなかなか実践できそうにありません。もっと簡単に効果を出せる方法はありませんか。なにか，魔法のような……。」

　そんなときに，私は「残念ながら，魔法のような方法はありません。」と答えています。どんなにすばらしいやり方であっても，必ず何らかのコスト（時間，労力，お金）の発生を伴います。

　トレードオフ（trade-off）という言葉がありますが，「一方を追求すれば他方を犠牲にせざるを得ないという状態，関係」のことです。多くのビジネス書や雑誌に載っている「魔法の」片づけも，「簡単」にできる段取りも，それを行うことで必ず何らかのトレードオフが生じます。何の犠牲も払わず簡単にできて，結果も期待できる手法は存在しません。

　この本で解説したいくつかの技法も，成果を十分に享受できるようになるには，ある程度の試行錯誤と，それにともなうコストが生じます。

　ただし，そうした努力を積み重ねていけば，必ず仕事の効率はアップします。ですから，「ちょっとやってみたけど，効果が無かった」と言ってすぐにあきらめないでください。最初は小さくても必ず効果は現れます。それを繰り返すことで，費やしたコスト以上の成果が手に入ります。さらに，チームで取り組むことで，会社全体を変えるほどの大きな成果を手にすることができます。それは同時に個人にとっても，ワーク・ライフ・バランスを実現することにもなるのです。

　魔法は，最後には消えてしまいますが，ビジネス整理術は確実にあなたの仕事と職場をよい方向に変え，「残業代ゼロ」の時代を生き抜く強い個人と，優れた企業文化を生み出します。

あとがき

　最後に，企画の当初から刊行に至るまで，辛抱強くお付き合いいただきました株式会社税務経理協会の鈴木利美様には，心より感謝申し上げます。本当に，ありがとうございました。

著　者

参 考 文 献

- 「七つの習慣」　スティーブン・R・コヴィー（1996）　キングベアー出版
- 「デッドライン仕事術」　吉越浩一郎（2007）　祥伝社新書
- 「現場リーダーのための時間活用5原則」　越前行夫（2008）　日刊工業新聞社
- 「職場のワーク・ライフ・バランス」　佐藤博樹・武石恵美子（2010）　日本経済新聞出版社
- 「シゴトの渋滞、解消します！結果がついてくる絶対法則」　西成活裕（2010）　朝日新聞出版
- 「ポモドーロテクニック入門」　Staffan Noeteberg（2010）　アスキー・メディアワークス

著者紹介

芳垣　玲子（よしがき　れいこ）
株式会社人材育成社　取締役

法政大学大学院経営学研究科修了（人的資源管理論専攻）
外資系保険会社，社員教育会社を経て，同社設立・取締役

人材育成コンサルティングおよび，問題解決などの研修を多数の企業，自治体で実施している。キャリアカウンセラー

E-Mail　info@jinzaiikuseisha.jp
URL　http://www.jinzaiikuseisha.jp
ブログ　http://blog.goo.ne.jp/jinzaiikuseisha

著者との契約により検印省略

平成26年11月1日　初版発行	突発的な仕事に先手を打つ 残業ゼロのビジネス整理術

著　者	芳　垣　玲　子
発行者	大　坪　嘉　春
製版所	美研プリンティング株式会社
印刷所	税経印刷株式会社
製本所	株式会社　三森製本所

発行所	東京都新宿区 下落合2丁目5番13号	株式会社　税務経理協会

郵便番号　161-0033　振替　00190-2-187408　電話　(03) 3953-3301（編集部）
　　　　　　　　　　FAX (03) 3565-3391　　　　　(03) 3953-3325（営業部）
　　　　　　　　　URL　http://www.zeikei.co.jp/
　　　　　　　　　乱丁・落丁の場合はお取替えいたします。

© 芳垣玲子 2014　　　　　　　　　　　　　　　　Printed in Japan

本書の無断複写は著作権法上の例外を除き禁じられています。複写される場合は，そのつど事前に，㈳出版者著作権管理機構（電話03-3513-6969，FAX03-3513-6979，e-mail：info@jcopy.or.jp）の許諾を得てください。

JCOPY ＜㈳出版者著作権管理機構　委託出版物＞

ISBN978－4－419－06171－5　C3034